以案释法

民法典里的人民情怀

姜　璟　龚万松　骆正言　编著

南京出版传媒集团　南京出版社

图书在版编目（CIP）数据

以案释法：民法典里的人民情怀 / 姜璟，龚万松，骆正言编著. -- 南京：南京出版社，2024.5

ISBN 978-7-5533-4741-7

Ⅰ. ①以… Ⅱ. ①姜… ②龚… ③骆… Ⅲ. ①民法－法典－中国－通俗读物 Ⅳ. ①D923.05

中国国家版本馆CIP数据核字（2024）第082427号

策　　划：纪　河

书　　名：以案释法：民法典里的人民情怀

编　　著：姜璟　龚万松　骆正言

出版发行：南京出版传媒集团

南　京　出　版　社

社址：南京市太平门街53号　　邮编：210016

网址：http://www.njcbs.cn　　电子信箱：njcbs1988@163.com

联系电话：025-83283893、83283864（营销）　025-83112257（编务）

出 版 人：项晓宁

出 品 人：卢海鸣

责任编辑：张　龙

装帧设计：王　俊

插　　图：曹子达

责任印制：杨福彬

排　　版：南京新华丰制版有限公司

印　　刷：南京鸿图印务有限公司

开　　本：787 毫米 × 1092 毫米　1/16

印　　张：13.5

字　　数：178千

版　　次：2024年5月第 1 版

印　　次：2024年5月第 1 次印刷

书　　号：ISBN　978-7-5533-4741-7

定　　价：68.00 元

用微信或京东APP扫码购书

用淘宝APP扫码购书

序

2022年初，江苏开放大学姜璟、龚万松、骆正言等几位老师邀请我就《民法典》为主题以微课堂形式录制一节课，我便以“民法典中的人民情怀”为主题讲授了一次微课程。2022年底，姜璟、龚万松、骆正言三位老师着手开始编写《以案释法——民法典里的人民情怀》。本书以“民法典里的人民情怀”为主线，精心选取了五十个案例，以《民法典》的人民性为选材线索，案例紧扣百姓生活，真实展现社会生活中的各种有关百姓生活的问题，体现《民法典》对人民需求的回应，有较强的学理价值和现实意义。

“人民情怀”表达了“坚持以人民为中心”的新时代法治精神。法治发展对人的尊重更多的是通过“坚持以人民为中心”方略的实施予以体现。“坚持以人民为中心”集中表现为保障人民主体地位，全面尊重主体人格利益、平等保护主体财产权利，推动共同富裕和人的全面发展，促进社会公平正义。

“坚持以人民为中心”是习近平法治思想的核心要义之一，是中国特色社会主义法治的本质要求和基本价值指引。法治发展必须始终坚持人民主体地位，切实维护人民政治、经济、文化、社会等各方面权利。“坚持以人民为中心”法治发展观承载着民族复兴的历史使命；“坚持以人民为中心”是“良法善治”的基本评判标准，也是“公平正义”价值观的基本内涵。

就《民法典》编纂和实施而言，如何兑现“坚持以人民为中心”的法治精神，是新时代全面依法治国，推进国家治理体系和治理能力现代化的重要内容。为此，《民法典》的人民情怀，需要始终坚持党的领导、人民当家作主、依法治国三者有机统一，着力维护并保障“人民安宁”“社会安定”，保障人民群众安居乐业。

“良法是善治之前提。”法治发展的基础工程便是“良法”的建构。法治发展的理想目标是“善治”，而善治目标的实现离不开“坚持以人民为中心”法治发展观之兑现。2020年5月28日颁行的《民法典》，自觉顺应社会生活条件，尊重社会生活的发展规律，并主动认同、确认其间阐发的各类主体的民事权利要求，充分结合主体的人格权益要求，结合市场经济为主导的平等保护、公平竞争、产权保护等权利要求，以及构建便利化、国际化、法治化营商环境的制度需求，以民事主体利益最大化为基本导向，针对性地创制了大量新生的民事权利。这些民事权利的制度确立，有效维护了社会交往中民事主体的各类合法权益，促进了社会公平正义，兑现了“善治”的“良法”需求。

《民法典》的人民情怀涉及的条款特别多，最具代表性的条款包括以下几个方面：一是人格权独立成编，全面保障人格利益。如人格权编的九百九十条，关于具体人格权、一般人格权制度安排，为没有具体人格权的人格权益受损设置了兜底式的制度保障规则，使得人格权益的保护周密且全面；再如，第九百九十六条确立了人格权精神损害赔偿可以与违约责任共同请求的特别权益维护规范；第九百九十七条则安排了人格权受侵害的行为禁令制度，对正在或即将实施的人格权侵害行为，提供了及时有效的制度保障；其他诸如第一千零三十四条、第一千零三十五条等条款则对个人信息保护中隐私权优先适用、处理个人信息的“合法、正当、必要”原则，作了明确规定，为个人信息保护设定了明晰的标尺；人格权编还对个人信息保护中国家机关及有关组织的职责，以及涉及生命、身体、健康权益方面的制度，作了强化。二是《民法典》回应民众关切，凸显人民主体地位，特别就业主权行使、居住权、“三权分置”及保障农民权益等主体关注的权益需求，作了明确的回应并作了周密的制度安排。三是平等保护公私财产权，强调了私人合法财产不受侵犯等基本权利诉求。四是《民法典》结合婚姻家庭制度的变革，就家庭财产权益、夫妻人身权益、财产权益以及未成年人民事权益，设定更具针对性、时代性的规范体系等等。

《以案释法——民法典里的人民情怀》以“提纲挈领，维护百姓民生”“保护财产，稳定合理预期”“便利流转，规范交易规则”“独立成编，彰显人民权益”“亲亲以睦，培育家庭美德”为一级标题，分别就民法总则、物权、合同、人格权、婚姻家庭与继承等《民法典》主要结构、内容中涉及民事主体人身、财产权利的保护条款为主线，筛选了典型的真实案件，通过“基本案情”“判决结果”“关联法条”“法典微讲堂”“‘典’亮美好生活”及“漫画图解”等栏目的设计，对案件及相关法条进行了较为周到、严密的解析，基本概括了《民法典》有关“人民情怀”的内容，充分展现了民法的权利法属性，表达了《民法典》维护权利、捍卫权利的制度品格。

《以案释法——民法典里的人民情怀》一书，将比较抽象的、乏味的条款和复杂的案件，通过“漫画图解”等图像化、形象化形式进行表现，使得整体内容富有灵动性、活泼性、趣味性和可读性，非常适合法律初学者和社会民众阅读。相信《以案释法——民法典里的人民情怀》一书，不仅有助于、有益于民法知识的学习领会，更为民众普法、法治宣传增添光彩。

（眭鸿明，南京师范大学法学院教授，博士生导师，民商法学博士点学科带头人，中国法学会民法学研究会常务理事，江苏省法学会民法学研究会副会长）

目录

一 民法总则：提纲挈领　维护百姓民生

二 物权：保护财产　稳定合理预期

三　合同：便利流转　规范交易规则

四　人格权：独立成编　彰显人民权益

五　婚姻家庭与继承：亲亲以睦　培育家庭美德

一

民法总则

提纲挈领　维护百姓民生

案例一 民事权利能力变更 胎儿利益加以保护

1. 基本案情[①]

2019 年 4 月 5 日，全某 1 驾驶两轮摩托车与停在路边的吴某驾驶的重型半挂牵引车相撞后死亡。经交警认定，吴某承担次要责任，全某 1 负主要责任。2019 年 6 月 5 日，全某 1 的儿子全某 2 出生，同日，全某 1 的妻子鞠某某及其他近亲属诉至法院，要求赔偿死亡赔偿金、抚养费等各项损失。2019 年 6 月 6 日，鞠某某申请追加全某 2 为原告。

2. 判决结果

法院认为，全某 2 已经出生并为活体，其民事主体地位应得到承认，其权利应当延伸至孕育期间。全某 1 与全某 2 形成法定的抚养关系，全某 2 应当视为死者全某 1 生前实际需要抚养的人，

① 案件来源：山东省临沂市中级人民法院民事判决书（2019）鲁 13 民终 7052 号中国某保险股份有限公司与鞠某某等机动车交通事故责任纠纷上诉案。

故其有权向责任人主张抚养费方面的损失。综上，法院支持了全某2关于抚养费的诉讼请求。被告不服，上诉至临沂中院。临沂中院认为，“死者生前抚养人”包括死者生前实际抚养人和应当由死者抚养的人，驳回上诉，维持原判。

3. 关联法条

《中华人民共和国民法典》

第十六条　涉及遗产继承、接受赠与等胎儿利益保护的，胎儿视为具有民事权利能力。但是，胎儿娩出时为死体的，其民事权利能力自始不存在。

第一千一百五十五条　遗产分割时，应当保留胎儿的继承份额。胎儿娩出时是死体的，保留的份额按照法定继承办理。

4. 法典微讲堂

本案争议的焦点在于：胎儿是否具有民事权利能力？能否具备请求损害赔偿的主体资格？

第一，关于民事主体的规定。民事主体是指依照民事法律规范具有参与民事法律关系的资格，并以自己的名义享有民事权利和承担民事义务的人。根据《民法典》的规定，民法调整平等主体的自然人、法人和非法人组织之间的人身关系和财产关系。自然人是民事主体的重要组成部分。本案中的全某1、吴某、鞠某某等皆为自然人，属于民事主体范畴。全某2则比较特殊，其是否属于民事主体呢？

第二，关于自然人的规定。自然人是指基于自然规律出生的人。根据《民法典》的规定，自然人从出生时起到死亡时止，具有民事权利能力，依法享有民事权利，承担民事义务。自然人的民事权利能力是指自然人依法享有民事权利和承担民事义务的资格。

事故发生时全某2如果为已经出生的自然人，则本案不存在争议，其具备民事权利能力。但本案中全某2在事故发生后两个月才出生，其是否具备民事权利能力？能否对当时的事故损害提出抚养费的主张？则成为本案主要的焦点。

根据《民法典》的规定，自然人从出生时起到死亡时止具有民事权利能力。同时第十六条也规定，涉及遗产继承、接受赠与等胎儿利益保护的，胎儿视为具有民事权利能力。但是，胎儿娩出时为死体的，其民事权利能力自始不存在。本案中抚养费的主张属于与胎儿利益保护直接有关的，而全某2已经顺利出生并为活体，其民事主体地位应得到承认，其权利应当延伸至孕育期间，胎儿状态视为具有民事权利能力。这一点也是本案所体现的最重要的价值意义。

第三，关于自然人出生和死亡的规定。自然人的出生时间和死亡时间，以出生证明、死亡证明记载的时间为准；没有出生证明、死亡证明的，以户籍登记或者其他有效身份登记记载的时间为准。有其他证据足以推翻以上记载时间的，以该证据证明的时间为准。

自然人的民事权利能力始于出生，终于死亡。民法上讲的死亡包括生理死亡和宣告死亡。生理死亡是指自然人生命的终结，毋庸多言。宣告死亡是指通过法定程序确定失踪人死亡。宣告死亡的时间以人民法院宣告死亡的日期为准。根据《民法典》第四十六条的规定，自然人有下列情形之一的，利害关系人可以向人民法院申请宣告该自然人死亡：（1）下落不明满四年；（2）因意外事件，下落不明满二年。因意外事件下落不明，经有关机关证明该自然人不可能生存的，申请宣告死亡不受二年时间的限制。被宣告死亡的人，人民法院宣告死亡的判决作出之日视为其死亡的日期；因意外事件下落不明宣告死亡的，意外事件发生之日视为其死亡的日期。

自然人被宣告死亡但是并未死亡的，不影响该自然人在被宣告死亡期间实施的民事法律行为的效力。当被宣告死亡的人重新出现，经本人或者利害关系人申请，人民法院应当撤销死亡宣告。

5.“典”亮美好生活

《民法典》总则第十六条的规定，很好地揭示了法律对生命的保护。平等权是宪法赋予我们的基本权利，在法律上每一个生命都应该得到尊重，无论是胎儿、儿童或者成人。本案中，法院从胎儿利益保护的立法精神出发，判决支持鞠某某腹中胎儿抚养费的诉讼请求，确立了胎儿请求损害赔偿的主体资格以及获得权益保护的规则，体现了司法对胎儿的人文关怀，弘扬了敬畏生命、尊重生命的价值观。

通过本案，我们也可以发现，中国传统文化中有些被我们忽视的东西在现实中也具有重要的价值。如民间常用的“虚岁”概念。现代的人们大多采用“周岁”的说法，似乎“虚岁”是毫无价值的民间习俗，殊不知“虚岁”的理论基点即为承认胎儿状态的生命权，其也是我们口中的“人”，那么其就应该获得法律赋予“人”的基本权利。这一目标在《民法典》总则第十六条的规定中已经得到了很好的体现。

案例二　“熊孩子”为游戏疯狂购买　《民法典》助父母追回钱款

1. 基本案情[①]

十四周岁的原告李某某在父母不知情的情况下，通过某平台先后七次从被告经营的网店“X游戏”购买374个游戏账号，共计支付36652元，上述游戏账号内的装备均为皮肤、面具、小花裙子等。原告父母发现后，及时与被告经营网店的客服人员联系，表示对原告购买游戏账号及付款行为不予追认并要求被告退款，被告不同意全额退款，遂成争议。

2. 判决结果

法院经审理认为，原告李某某案发时未成年，属于限制民事行为能力人，购买游戏账号支付36652元的行为，显然与其年龄、智力不相适应，李某某的法定代理人亦明确表示对该行为不予追认，故原告李某某实施的购买行为无效，

---

① 案件来源：河北省大城县人民法院（2021）冀1025民初403号李某诉某某电子商务有限公司网络服务合同纠纷一审民事判决书。

判决被告向原告全额返还购买游戏账号款36652元。

3. 关联法条

《中华人民共和国民法典》

第十九条　八周岁以上的未成年人为限制民事行为能力人，实施民事法律行为由其法定代理人代理或者经其法定代理人同意、追认；但是，可以独立实施纯获利益的民事法律行为或者与其年龄、智力相适应的民事法律行为。

第二十二条　不能完全辨认自己行为的成年人为限制民事行为能力人，实施民事法律行为由其法定代理人代理或者经其法定代理人同意、追认；但是，可以独立实施纯获利益的民事法律行为或者与其智力、精神健康状况相适应的民事法律行为。

4. 法典微讲堂

本案争议的焦点在于：未成年人实施与其年龄、智力不相适应的支付行为是否有效？

第一，民事行为能力的规定。自然人的民事行为能力是指自然人能以自己的行为参加民事活动，享有民事权利、承担民事义务的地位和资格。民事行为能力是与民事权利能力密切相关又不尽相同的概念。民事权利能力是每一个“人”都享有的，而民事行为能力根据行为人的年龄、智力和精神健康状况的不同分为完全民事行为能力、限制民事行为能力和无民事行为能力三种情形。本案涉及的就是限制民事行为能力人的行为效力问题。

第二，限制民事行为能力。限制民事行为能力又称不完全民事行为能力，是指自然人在一定范围内具有民事行为能力，超出一定范围便不具有相应的民事行为能力。这里对自然人民事行为能力进行限制的主要是其年龄、智力和精神健康状况。根据《民法典》的规定，八周岁以上的未成年人为限制民事行为能力人，实施民事法律行为由其法定代理人代理或者经其法定代理人同意、追认；但是，可以独立实施纯获利益的民事法律行为或者与其年龄、智力相适应的民事法律行为。本案中原告李某某在案发时十四周岁，为八周岁以上的未成年人，属于限制民事行为能力人，其购买游戏账号共计支付36652元，不属于纯获利的行为，这一行为涉及的金额巨大，也显然与其年龄、智力不相适应。同时作为李某某法定代理人的父母亦明确表示，对原告购买游戏账号及付款行为不予追认并要求被告退款，否定了原告这一支付行为的效力。所以，法院判决被告向原告全额返还购买游戏账号款36652元是完全符合法律规定的。

同时需要注意，《民法典》在第二十二条中又规定：不能完全辨认自己行为的成年人为限制民事行为能力人，实施民事法律行为由其法定代理人代理或者经其法定代理人同意、追认；但是，可以独立实施纯获利益的民事法律行为或者与其智力、精神健康状况相适应的民事法律行为。也就是说除了八周岁以上的未成年人以外，不能完全辨认自己行为的成年人也同样适用这一规定。

5.“典”亮美好生活

父母是孩子成长路上的导师，家庭教育是孩子成长过程中人格形成的重要支撑，每一个健康成长的孩子背后都离不开父母的帮助、引导和监督。本案涉及的未成年人实施与其年龄、智力不相适应的支付行为，在未得到其家长追认的情况下，其购买支付行为无效，经营者应当依法返还款项。从这一案例来看，首先是对未成年人的保护，在未成年人的意志决断能力不足的情况下，防止产生这样的损失。其次是对未成年人的监护人的监督，需要及时了解孩子的状态，防微杜渐，也需要保管好家里的现金、银行卡、手机密码或者其他贵重物品，防止孩子进行大额的消费或者其他对家庭财产的不当处置。最后，这也对经营者提出了要求，需要对未成年人的购买资格进行确认，强化企业的法律意识和社会责任，防止发生类似事件。在当前广泛应用的电子商务、网络游戏等软件中，如何通过技术的手段建立身份识别机制，完善青少年的网络游戏防沉迷系统等，都具有现实的意义，同时也会减少矛盾的发生，促进社会和谐。

案例三　欠缺父母抚养　“监护”护其成长

1. 基本案情①

2008年9月，夏某、夏某1、夏某2三姐妹的母亲王某某无故离家出走，杳无音讯，下落不明。2018年7月，三姐妹的父亲夏某某意外死亡。于是，三姐妹的亲戚夏某3向法院提交宣告三姐妹的母亲王某某失踪，2019年4月25日，东兴区人民法院判决宣告王某某失踪。由于三姐妹的祖母、外祖母均年事已高且无力抚养两个妹妹，经该村村委会与东兴区民政局协议，东兴区民政局于2019年7月2日将夏某3指定为夏某1、夏某2的监护人，并签订《社会散居孤儿监护协议书》。现夏某1已年满16周岁，已经进入社会务工，夏某2年满15周岁，正在读初二，申请人夏某希望担任两位妹妹即夏某1、夏某2的监护人，因与被申

① 案件来源：四川省内江市东兴区人民法院（2022）川1011民特10号 夏某夏某3监护关系变更民事判决书。

请人夏某3协商无果，现申请人向法院提起诉讼，请求法院支持其诉讼请求。

2. 判决结果

法院经审理认为，依法具有监护资格的人之间可以协议确定监护人，协议确定监护人应当尊重被监护人的真实意愿，本案中，申请人与被申请人就夏某1、夏某2的监护权无法协商一致。被申请人辩称申请人存在家庭人口多、结构复杂、无抚养能力等情况，申请人向法院提交了证明一份，证明申请人之公公蒋某某愿意以其收入及其家庭收入支持申请人抚养夏某1、夏某2，另被申请人未向法院提交其他证据证明申请人家庭人口多、结构复杂、无抚养能力的证据，故被申请人的辩称理由不成立，法院不予支持。被申请人辩称申请人夏某已经于2019年主动放弃了两个妹妹的监护权，但未向法院提交证据证明，故被申请人的该辩称理由不成立，法院不予支持。因案涉人员夏某1（2005年12月28日出生）已满16周岁，且外出务工并能以自己的劳动收入作为其主要生活来源，按照法律相关规定，夏某1可视为完全民事行为能力人，可以独立实施民事法律行为，无须再确定监护人。

综上所述，申请人夏某请求法院依法确认其担任两个妹妹夏某1、夏某2的监护人请求部分成立，法院予以部分支持。判决如下：夏某2（2007年5月12日出生）的监护人由被申请人夏某3变更为申请人夏某；驳回申请人夏某的其他诉讼请求。

3. 关联法条

《中华人民共和国民法典》

第十八条　成年人为完全民事行为能力人，可以独立实施民事法律行为。

十六周岁以上的未成年人，以自己的劳动收入为主要生活来源的，视为完全民事行为能力人。

第二十七条　父母是未成年子女的监护人。

未成年人的父母已经死亡或者没有监护能力的，由下列有监护能力的人按顺序担任监护人：

（一）祖父母、外祖父母；

（二）兄、姐；

（三）其他愿意担任监护人的个人或者组织，但是须经未成年人住所地的居民委员会、村民委员会或者民政部门同意。。

4. 法典微讲堂

本案争议的焦点主要有两个方面：一是申请人夏某是否具有监护的资格，其能否成为夏某 1、夏某 2 的监护人？二是夏某 1 是否需要监护？

第一，我国的监护制度。监护是对未成年人、不能辨认自己行为的成年人和不能完全辨认自己行为的成年人的人身、财产及其他合法权益进行监督和保护的一项民事法律制度。根据《民法典》的规定，父母是未成年子女的监护人。未成年人的父母已经死亡或者没有监护能力的，由下列有监护能力的人按顺序担任监护人：（一）祖父母、外祖父母；（二）兄、姐；（三）其他愿意担任监护人的个人或者组织，但是须经未成年人住所地的居民委员会、村民委员会或者民政部门同意。在本案中，夏某 1、夏某 2 的母亲失踪，父亲意外死亡，祖母、外祖母均年事已高且没有抚养能力，作为姐姐，夏某担任两个妹妹的监护人符合法律规定。同时根据《民法典》第三十一条第一款的规定，对监护人的确定有争议的，由被监护人住所地的居民委员会、村民委员会或者民政部门指定监护人，有关当事人对指定不服的，可以向人民法院申请指定监护人；有关当事人也可以直接向人民法院申请指定监护人。本案中申请人在与被申请人夏某 3 协商无果的情况下，向法院提出申请，于法有据。

第二，完全民事行为能力制度。完全民事行为能力是指自然人通过自己独立的行为行使民事权利、履行民事义务的能力。根据《民法典》的规定，我国的完全民事行为能力人包括两类：一是十八周岁以上的成年人为完全民事行为能力人；二是十六周岁以上的未成年人，以自己的劳动收入为主要生活来源的，视为完全民事行为能力人。本案中，夏某1已满十六周岁，且外出务工并能以自己的劳动收入作为其主要生活来源，按照法律相关规定，可视为完全民事行为能力人，可以独立实施民事法律行为，无须再确定监护人。法院对申请人的这一申请不予支持合乎法律规定。

5.“典”亮美好生活

监护制度本质上是对缺乏民事行为能力人的一种照护制度。《民法典》也明确规定监护人的职责是代理被监护人实施民事法律行为，保护被监护人的人身权利、财产权利以及其他合法权益等。通过这一制度的设立，维护了被监护人的合法权益，防止其权益产生不当损害，或当其权益受侵害时维护其权益。同时也维护了被监护人实施行为的相关权益人的合法权利，承担其不当行为产生的法律后果，进而达到稳定社会秩序的目的。

健康、温馨、阳光的家庭最有利于未成年人的健康成长。《民法典》专设了一节来规定监护制度，涉及未成年人和成年人的监护问题，构建了家庭、社会、国家一体的监护制度。同时也通过《未成年人保护法》再次细化了监护制度，体现了法律对行为能力欠缺人，尤其是未成年人的保护。在我国的监护制度的设计中：父母或者其他监护人是监护的第一责任人，当其无法或者不能履行监护职责时，最终由国家介入和补位。这种国家兜底的监护制度确保了每一个未成年人都能获得身心健康和全面发展，形成了中国特色的国家监护制度。

案例四　失能老人无法独立生活　法律助其颐养天年

1. 基本案情[①]

钟某与其妻徐某共同生育一女钟某某，钟某某成年后与李某结婚并生育一子李某某（当时系在校研究生）。李某某在其父李某因病死亡后，一直由其外公外婆即钟某和徐某照管。徐某死亡后，钟某某带着其再婚配偶蒋某和次子蒋小某随钟某共同生活。双方在共同生活期间，钟某于2019年11月病情恶化，遂将其银行卡和社保卡等财物共计26000余元交钟某某保管。后因钟某某嫌弃钟某疾病缠身、生活不能完全自理等产生矛盾，致钟某生活上无人照料，就医看病等方面无法得到保障。2020年5月，钟某以钟某某对其存在虐待行为，且不宜继续与钟某某共同生活为由诉至法院，要求单独生活，并由钟某某按月支付其生活、

---

① 案件来源：本案入选四川省高级人民法院2021年老年人权益保护典型案例之七：钟某意定监护案。

护理、医疗等费用。

2. 判决结果

诉讼中，法院根据钟某的意愿，组织钟某与其外孙李某某协商，确定由李某某作为钟某的意定监护人，在其丧失或部分丧失民事行为能力时，负责其生活照管、医疗救治、财产管理、维权诉讼和死亡丧葬等各项事务，依法履行监护职责。后法院通过实地走访、析法明理，借助社区和相关亲属的力量，最终促成钟某和钟某某达成赡养协议：钟某在当地养老服务机构生活，所需费用及医疗费用由钟某某负担。

3. 关联法条

《中华人民共和国民法典》

第三十三条　具有完全民事行为能力的成年人，可以与其近亲属、其他愿意担任监护人的个人或者组织事先协商，以书面形式确定自己的监护人，在自己丧失或者部分丧失民事行为能力时，由该监护人履行监护职责。

4. 法典微讲堂

本案的核心问题在于当事人能否通过意定的方式来达成监护协议？我国的《民法典》对这一制度是如何规定的？

第一，意定监护制度。意定监护，是指具有完全民事行为能力的成年人可以与其近亲属、其他愿意担任监护人的个人或者组织事先协商，以书面形式确定自己的监护人。协商确定的监护人在该成年人丧失或者部分丧失民事行为能力时，履行监护职责。《民法典》第三十三条确定了我国的成年意定监护制度。本案中，法院根据钟某的意愿，组织钟某与其外孙李某某协商，确定由李某某作为钟某的意定监护人，在其丧失或部分丧失民事行为能力时，负责其生活照管、医疗救治、财产管理、维权诉讼和死亡丧葬等各项事务，依法履行监护职责，这完全符合我国《民法典》意定监护的规定。

第二，意定监护制度的设定。根据我国《民法典》的规定，意定监护的设定需要注意以下事项：一是必须要具备完全民事行为能力的成年人才可以通过监护协议来确定意定监护人。这与法律规定的限制民事行为能力的成年人，以及无民事行为能力的成年人的法定监护制度是不同的。意定监护是监护领域对意思自治原则的贯彻落实，系具有完全民事行为能力的成年人就自己将来的监护事务，按照自身意愿事先所做的安排；二是可以协商的主体包括其近亲属、其他愿意担任监护人的个人或者组织，具有广泛性的特点；三是意定监护的设置需要通过协商确定意定监护人，本人与选定的监护人进行协商，达成合意后，通过签订监护协议，确定意定监护法律关系；四是形式上必须是书面形式。意定监护对被监护人的权益影响很大，须采用书面方式，明确写明经双方认可的内容，对于其真实性、合法性加以保障，从根本上减少意定监护纠纷；五是意定监护设定后，并不是立刻履行的，通常是约定在自己丧失或者部分丧失民事行为能力时，再由该监护人履行监护职责；六是在意定监护和法定监护的效力关系上，一般认为，意定监护优先于法定监护予以适用。法律设立意定监护制度的目的是尊重成年人自己的意愿，当然具有优先适用的地位。只有在意定监护协议无效或者因其他特殊原因，例如协议确定的监护人丧失监护能力，监护协议无法履行等情况下，再适用法定监护。

5. “典”亮美好生活

《民法典》第三十三条是对传统的法定监护制度的重要补充和完善，对构建具有中国特色的监护制度具有重大意义。在立法上本条吸收了《老年人权益保障法》第二十六条之规定，将意定监护的主体扩大到具有完全民事行为能力的成年人。主要是考虑到老年人的智力有一个逐渐衰退的过程，在老年人清醒的时候，应当尊重老年人的意愿，允许其为自己选择丧失民事行为能力或者部分丧失民事行为能力时的监护人。在发生失能等情况时，自己的人身权利、财产权利等可交托给值得信赖的个人或组织，避免陷入被动，也可提前消弭因财产、照护等问题在近亲属之间产生争议，维护失能老年人的合法权益。这一制度也充分体现了尊重被监护人真实意思表示的原则，彰显了以人为本的立法理念。

人口老龄化是我国当前及今后很长一段时期内国家和社会发展将要面临的巨大压力和挑战。失能半失能老人逐渐增加[①]，单一的法定监护制度已经难以满足形势发展的需要。意定监护制度作为一项新的制度，对于缓解老龄化带来的养老压力，降低社会养老成本、促进社会主义和谐家庭关系都具有重要的价值。

① 根据2022年8月发布的《国务院关于加强和推进老龄工作进展情况的报告》，截至2021年底，全国60岁及以上老年人口达2.67亿，占总人口的18.9%；65岁及以上老年人口达2亿以上，占总人口的14.2%。预计"十四五"时期，60岁及以上老年人口总量将突破3亿，占比将超过20%。2035年，60岁及以上老年人口将增加到4.2亿左右，占比将超过30%。我国患有慢性病老年人超过1.9亿，失能和部分失能老年人约4000万。

案例五　数据时代　维护个人信息安全

1. 基本案情[①]

2020 年 4 月，田某在一网站注册账号并绑定其邮箱，后田某在该网站发布虚假的手机线上兼职招聘信息，骗取有兼职意向的求职者向其投递个人简历，简历需包括个人姓名、性别、联系电话、所在地区等信息。

2020 年 5 月至 6 月，田某在某 QQ 群内发出售卖个人信息的广告后，何某联系田某想购买其手中的个人信息，两人互加 QQ 和微信。田某得知何某购买简历等个人信息是用于诈骗等违法犯罪活动后，仍以每条个人信息 0.2 元到 1.8 元不等的价格，向何某出售个人信息 25000 余条，违法获利 9512.7 元。

2021 年 7 月 15 日，常州市天宁检察院对田某涉嫌侵犯公民个人信息罪向法院提起公诉，追究田某的刑事责

① 案件来源：本案入选常州法院 2021 年度十大典型案例。

任。2021 年 9 月 6 日，常州市人民检察院向常州市中级人民法院提起民事公益诉讼，在追究田某的刑事责任以外，追究田某的民事责任。

2. 判决结果

常州市中级人民法院经审理认为，自然人的个人信息受法律保护，任何组织、个人不得侵害自然人的个人信息权益。任何组织或者个人需要获取他人个人信息的，应当依法取得并确保信息安全，不得非法收集、使用、加工、传输他人个人信息，不得非法买卖、提供或者公开他人个人信息。本案中，被告人田某非法收集、买卖自然人的个人信息，使不特定自然人的个人信息安全处于潜在的风险中，对不特定多数自然人的精神造成损害，亦使社会公共利益受损。法院遂于 2021 年 11 月 1 日作出一审判决，判决被告田某在国家级新闻媒体上向社会公众进行书面道歉，并赔偿损失 9512.7 元。该款项由个人信息保护的主管部门——常州市网信办开设的专项资金账户进行管理。

3. 关联法条

《中华人民共和国民法典》

第一百一十一条　自然人的个人信息受法律保护。任何组织或者个人需要获取他人个人信息的，应当依法取得并确保信息安全，不得非法收集、使用、加工、传输他人个人信息，不得非法买卖、提供或者公开他人个人信息。

《中华人民共和国个人信息保护法》

第十条　任何组织、个人不得非法收集、使用、加工、传输他人个人信息，不得非法买卖、提供或者公开他人个人信息；不得从事危害国家安全、公共利益的个人信息处理活动。

第七十条　个人信息处理者违反本法规定处理个人信息，侵害众多个人的权益的，人民检察院、法律规定的消费者组织和由国家网信部门确定的组织可以依法向人民法院提起诉讼。

4. 法典微讲堂

侵犯公民个人信息罪是指向他人出售或者提供公民个人信息，情节严重的行为，或者是将在履行职责或者提供服务过程中获得的公民个人信息，出售或者提供给他人的行为。2021 年 7 月 15 日，常州市天宁检察院对田某涉嫌侵犯公民个人信息罪向法院提起公诉，追究其刑事责任。本案的意义在于除了追究田某的刑事责任以外，还追究了田某的民事责任。因为法院认为，由于田某的行为使得不特定公民的个人信息安全会一直处于潜在风险中，社会公共利益仍处于受侵害状态，所以要追究其民事责任，保护公共利益。

《民法典》中个人信息指的是什么？处理个人信息需要遵守哪些规则？个人信息权利有哪些种类？受侵害后该如何救济？

第一，个人信息的概念。根据《民法典》第一千零三十四条的规定，个人信息是以电子或者其他方式记录的能够单独或者与其他信息结合识别特定自然人的各种信息，包括自然人的姓名、出生日期、身份证件号码、生物识别信息、住址、电话号码、电子邮箱、健康信息、行踪信息等。

第二，处理个人信息的规则。

（1）处理个人信息应当具有明确、合理的目的，并应当与处理目的直接相关，采取对个人权益影响最小的方式。收集个人信息，应当限于实现处理目的的最小范围，不得过度收集个人信息。

（2）处理个人信息应当遵循公开、透明原则，公开个人信息处理规则，明示处理的目的、方式和范围。

（3）处理个人信息应当保证个人信息的质量，避免因个人信息不准确、不完整对个人权益造成不利影响。

（4）个人信息处理者应当对其个人信息处理活动负责，并采取必要措施保障所处理的个人信息的安全。

第三，个人信息权的种类和救济途径。

（1）个人对其个人信息的处理享有知情权、决定权，有权限制或者拒绝他人对其个人信息进行处理；法律、行政法规另有规定的除外。

（2）个人有权向个人信息处理者查阅、复制其个人信息。个人请求查阅、复制其个人信息的，个人信息处理者应当及时提供。

（3）个人发现其个人信息不准确或者不完整的，有权请求个人信息处理者更正、补充。

（4）个人有权要求个人信息处理者对其个人信息处理规则进行解释说明。

（5）发现信息处理者违反法律、行政法规的规定或者双方的约定处理其个人信息的，有权请求信息处理者及时删除。

（6）处理个人信息侵害个人信息权益造成损害，个人可以请求其承担损害赔偿等侵权责任。

5.“典”亮美好生活

《民法典》总则第一百一十一条是对个人信息保护做出的总括性规定。并在其后的第四编“人格权”第六章专门规定了隐私权和个人信息保护。此外，2021 年 11 月 1 日起施行的《中华人民共和国个人信息保护法》是对个人信息加以保护的一部专门立法，再加上其他的法律法规，建立了我国个人信息保护的完整法律制度。

个人信息安全关系到每个人的衣食住行，关系到个人的隐私、名誉、社会评价、生活安全、财产安全等很多方面。当个人信息被泄露、破坏或侵害时，既可能带来物质上的损失，也可能造成精神上的伤害，并进而影响其在社会交往、经济生活、政治生活等各项活动中权利的实现。

《民法典》明确了个人信息受到法律保护，规定了处理个人信息需要遵循的原则，细化了个人在个人信息处理活动中的权利，列举了个人信息处理者的义务，明确了个人信息保护中的法律责任，让在大数据时代下生活的我们不再担心与惶恐，安心地享受科技进步带给我们的便利。当然，我们在日常生活与工作中，也需要时时提高警惕，尽可能保护好自己的各类信息，不让坏人有可乘之机。

案例六　保管他人财物　要求返还需要履行

1. 基本案情[①]

杨某某与李某某系母女关系，李某某年事已高，自2019年5月起杨某某协助李某某管理存款。期间，杨某某取走李某某名下部分银行存款，包括中国工商银行60000元定期存款；中国邮政储蓄银行50000元定期存款；中国邮政储蓄银行的活期存款37000元。杨某某给了李某某18000元及2000元生活费，共计20000元，余款由杨某某保管。杨某某协助管理期间，李某某支出的部分款项由杨某某从保管李某某的款项中支付。李某某后多次向杨某某索要剩余钱款未果。

2. 判决结果

法院认为，民事主体的财产权利受法律平等保护。李某某能够表达自己

① 案件来源：山东省淄博市淄川区人民法院（2022）鲁0302民初1488号李某某、杨某某返还原物纠纷民事一审民事判决书。

的意思，具备完全民事行为能力。杨某某曾经保管其母亲李某某的钱款，现李某某要求返还，杨某某应当返还。根据双方提供的证据及陈述，可以认定杨某某至少占有李某某 50000 元＋ 60000 元＋ 19000 元＋ 557 元＝ 129557 元的款项。双方认可李某某三年期间的收入为 83706 元，该部分款项由李某某自行保管。对于李某某支出的情况，李某某主张三年来的支出共计 15376.80 元，杨某某主张其支出了 111570.76 元，其中有发票的为 49030.76 元。双方虽然各自提供了支出的明细，但是均无法证明支出的款项是从李某某保管的钱款中支出还是从杨某某保管的钱款中支出。由于李某某年事已高需要子女的照料，杨某某在照料李某某期间对于李某某的日常生活所需、支出情况不可能做到详细、严密的记录。双方应互相体谅，尊重对方的意见，构建和谐的家庭关系。最后法院根据双方提供的证据及陈述，结合本案的实际情况，酌定杨某某返还李某某 100000 元。

3. 关联法条

《中华人民共和国民法典》

第一百一十三条　民事主体的财产权利受法律平等保护。

4. 法典微讲堂

本案争议的焦点问题主要表现为在杨某某协助李某某管理存款期间，李某某能否向杨某某索要剩余钱款？当事人之间的母女关系对本案财产权利的归属及行使是否产生影响？照护生活不能完全自理的老人的花费如何确定？

第一，民事主体的财产权利。民事权利是民事法律规范规定或确认的民事主体的权利。以民事权利所体现的利益的性质为标准，可分为财产权与人身权。财产权是以财产利益为内容的权利，如物权、债权等。本案中李某某向杨某某索要的剩余钱款属于典型的物权。根据《民法典》第一百一十四条的规定，民事主体依法享有物权。物权是权利人依法对特定的物享有直接支配和排他的权利，本案中表现为所有权。具体到李某某来说，其对自己的存款享有占有、使用、收益、处分并排除他人干涉的权利，其向杨某某索要剩余钱款的行为是行使所有权的表现。按照《民法典》第一百三十条的规定，民事主体按照自己的意愿依法行使民事权利，不受干涉。因此，当其索要剩余钱款时，杨某某应当归还。

第二，当事人之间的母女关系对本案财产权利的归属及行使是否产生影响？物权具有绝对原则，这是物权所固有的基本属性的确认和申明，仅凭权利人本人的意思及行为即可实现且得对抗任何人。在家庭关系上，李某某与杨某某具有母女关系，相互间的赡养关系并不在本案的讨论范围。本案仅仅就杨某某协助李某某管理存款期间，李某某能否索要剩余钱款产生争议。母女的身份关系不会对财产权利的行使产生影响，两者在民法上都属于独立的民事主体，可以独立行使民事权利，这里的钱款也不属于家庭共同财产，而是只属于李某某的个人财产。本案中的协助管理存款属于债权中的合同约定，即杨某某仅仅享有依据合同所产生的民事权利。按照物权优先的原则，当李某某行使物权时，其具有排他性，杨某某不得依据自己的合同权利来对抗李某某的物权行使。

李某某的老年状态是否会影响到本案的结果？根据前述案例中民事行为能力的理论，本案中李某某虽然年事已高，但能够表达自己的意思，具备完全民事行为能力，所以尚没有产生监护的问题，当然也就不存在是否需要监护人同意的问题了。

第三，具体花费如何确定？本案中李某某和杨某某均就具体产生的各自费用提供了支出的明细，但是均无法证明支出的款项是从李某某保管的钱款中支出还是从杨某某保管的钱款中支出。考虑到现实情况，杨某某在对李某某进行照料期间的日常生活开支，很难做到详细、严密的记录，在双方协议中没有特别约定的情况下，法律也不能苛求杨某某做到这一点，最终法院根据双方的证据和当事人的实际情况做出裁决，合情合理合法。

5.“典”亮美好生活

《民法典》第一百一十三条虽然只有十六个字，但是在我国民事法律的发展中，却具有非常重要的意义和价值，它明确了不论何类主体，其财产权利均受到法律的平等保护，最大程度上保护了各类主体，尤其是个人的财产权利。使人民群众可以放心大胆地去生产经营，创业发展，积累财富，享受国家和社会发展带来的成果。

随着我国老龄化的不断加剧，家庭养老的模式会逐渐成为未来的主流养老模式，由家庭成员相互之间进行照护会极大地减轻社会养老的压力，也符合我国孝道的传统美德。但同时我们也意识到，家庭养老中也会产生诸如财产之类的纠纷，如何更好地利用法律制度和法律规定来预防纠纷的产生、解决产生的纠纷会成为一个重要的命题。完善立法，使法律的规定更能满足现实需要。加强法律教育，使得每一个老百姓都能了解《民法典》的相关规定，都能知道自己的权利和义务，知道如何订立和履行合同，是普法的重要方面，也是编写本书的重要目的。这对于构建稳定、和谐的社会主义家庭关系亦具有重要的意义。

案例七　正当防卫造成损害　无须承担民事责任

1. 基本案情[①]

原告冉某奎与被告冉某平的房屋相邻，冉某平用石棉瓦接房屋的水时将冉某奎房屋墙壁淋湿，双方发生争吵，冉某奎殴打冉某平，在其躲开后冉某奎持续殴打，将冉某平佩戴的助听器打坏，冉某平反击将冉某奎打伤。公安机关对冉某奎被伤害一案作出终止侦查决定书，以冉某平的行为属正当防卫不负刑事责任为由，决定终止对冉某平的侦查并撤销案件。冉某奎以冉某平涉嫌犯故意伤害罪向法院提起刑事自诉，被裁定不予受理。后原告冉某奎再诉至法院，请求判令被告冉某平赔偿其医疗费、误工费、精神抚慰金并口头赔礼道歉。

① 案件来源：贵州省清镇市人民法院（2021）黔0181民初3358号冉某奎、冉某平健康权纠纷民事一审民事判决书。

2. 判决结果

法院经审理认为，原告冉某奎与被告冉某平之间因房屋滴水问题发生殴打，造成冉某奎轻伤。经公安机关侦查认定，冉某奎受到的伤害系冉某平正当防卫所致。根据《民法典》相关规定，因正当防卫造成损害的，不承担民事责任。冉某平多次躲避冉某奎殴打，在受到冉某奎侵害后为避免持续性伤害而进行反击，主观上是为了制止对方，且根据在案证据证明冉某平的防卫行为并未超出必要限度，属于正当防卫，依法不应承担民事责任，故对原告冉某奎的诉讼请求不予支持。

3. 关联法条

《中华人民共和国民法典》

第一百八十一条　因正当防卫造成损害的，不承担民事责任。

正当防卫超过必要的限度，造成不应有的损害的，正当防卫人应当承担适当的民事责任。

《中华人民共和国刑法》

第二十条　为了使国家、公共利益、本人或者他人的人身、财产和其他权利免受正在进行的不法侵害，而采取的制止不法侵害的行为，对不法侵害人造成损害的，属于正当防卫，不负刑事责任。

正当防卫明显超过必要限度造成重大损害的，应当负刑事责任，但是应当减轻或者免除处罚。

对正在进行行凶、杀人、抢劫、强奸、绑架以及其他严重危及人身安全的暴力犯罪，采取防卫行为，造成不法侵害人伤亡的，不属于防卫过当，不负刑事责任。

4. 法典微讲堂

通过本案，我们主要了解到，正当防卫不仅仅通过刑法规制，也是《民法典》

的重要内容。本案中公安机关认定冉某奎受到的伤害系冉某平正当防卫所致，所以冉某平的行为不构成刑事责任。那么冉某平是否需要对冉某奎受到的伤害承担民事赔偿责任呢?

第一，关于正当防卫。正当防卫，指对正在进行不法侵害行为的人，而采取的制止不法侵害的行为，对不法侵害人造成损害的，属于正当防卫，不负刑事责任。正当防卫的前提是存在不法侵害。正当防卫必须是针对正在进行的不法侵害，必须针对不法侵害人进行。目的必须是为了使国家、公共利益、本人或者他人的人身、财产和其他权利免受不法侵害。防卫行为必须在必要合理的限度内进行。本案中，原告冉某奎与被告冉某平发生争吵，在冉某奎持续殴打冉某平，并将其佩戴的助听器打坏后，冉某平反击将冉某奎打伤。符合正当防卫的要件，不负刑事责任。

第二，民事权利的自力救济。民事权利的自力救济是民事主体的自我保护，指纠纷主体在没有中立的第三者介入的情形下，依靠自己的力量强制他人、捍卫自己权利的行为。一般认为，自力救济包括正当防卫、紧急避险和自助行为。

在现代社会，当权利遭受侵害时，当事人一般不允许采用自力救济的方式，而是应该求助于公权力机关的救济。但是在特殊情况下，当事人无法及时求助于公力救济，同时若不立即实行自力救济，必将使自己的权利遭受严重损害，在这种情况下，法律特许当事人实施自力救济。法律之所以这样规定，首要的原因是防止自力救济的滥用，并出现以暴制暴的现象，进而导致社会秩序的混乱。本案中，当冉某奎持续殴打冉某平时，冉某平首先选择了躲避，当其无法躲避，并出现随身物品被打坏的情况下，才反击将冉某奎打伤，符合自力救济的特征。所以依据《民法典》第一百八十一条的规定，因正当防卫造成损害的，不承担民事责任。同时我们要注意的是：如果正当防卫超过必要的限度，造成不应有的损害的，正当防卫人应当承担适当的民事责任。

5. “典”亮美好生活

“惩恶扬善”是老百姓的朴素认知，也是法律价值的体现。《民法典》第一百八十一条关于正当防卫的规定，正是这一价值的重要表现，解除了防卫人的后顾之忧。我们国家建立了完整的公力救济制度，从司法机关，到行政机关，再到社区等群众自治组织，通过不同的途径、不同的方式帮助社会的各个群体解决其所遭受到的权利侵害。一般情况下，这种制度基本能满足社会对权利救济的需要。同时，由于社会上各种行为和事件的发生纷繁复杂，有时具有突发性、偶然性、紧迫性等特征，当事人无法及时获得公力救济，为了防止自己的权利遭受正在发生的侵害，不得已采用正当防卫的方式来维护自己的权利，符合法律的精神，受到法律的保护。

案例八　见义勇为救人溺亡　受益人应适当补偿

1. 基本案情[1]

2022 年 2 月 4 日，王某某听到家门口附近的水塘方向有儿童呼喊救命，发现邻居家儿子杨某某两手正趴在冰面上，随时都有生命危险。在告知杨某某的母亲和姐姐后，王某某迅速跑回家中叫来丈夫孙某某，孙某某不顾安危只身一人下水救人，救人期间孙某某在寒冷的水中逐渐体力不支，在离岸边七八米处沉入水底。闻讯赶来的村民们合力将杨某某救起，杨某某平安脱险。孙某某被打捞出水后送医院抢救，但因溺水时间过长而死亡。其后王某某和其子孙小某诉至平度法院，要求杨某某及其父母补偿因见义勇为而产生的死亡赔偿金、丧葬费等。

① 案件来源：山东省青岛市平度人民法院发布。

2. 判决结果

法院经审理认为，孙某某在他人遭遇紧急生命危险的情况下，奋不顾身下水救人，该行为属于见义勇为。《民法典》第一百八十三条规定，因保护他人民事权益使自己受到损害的，由侵权人承担民事责任，受益人可以给予适当补偿。没有侵权人、侵权人逃逸或者无力承担民事责任，受害人请求补偿的，受益人应当给予适当补偿。本案孙某某的救助行为及时挽救了杨某某的生命，杨某某受有利益，其受益与孙某某的救助行为之间具有因果关系，结合上述法律规定，对于孙某某死亡所产生的损失，被告应给予适当的经济补偿。对于补偿数额，结合受损结果、遗属的精神损害程度、生活境况、已经得到的补偿金额、受益人获益情况及受益人的经济负担能力等因素，酌情考虑判定被告给予原告经济补偿20万元。本案宣判后，双方均服判息诉。

3. 关联法条

《中华人民共和国民法典》

第一百八十三条　因保护他人民事权益使自己受到损害的，由侵权人承担民事责任，受益人可以给予适当补偿。没有侵权人、侵权人逃逸或者无力承担民事责任，受害人请求补偿的，受益人应当给予适当补偿。

4. 法典微讲堂

本案争议的焦点主要在于孙某某的行为是否属于见义勇为？本案没有侵权人，孙某某因死亡而产生的损失能否向受益人主张？具体的费用标准如何确定？

第一，关于见义勇为。见义勇为是指自然人为了保护国家、集体的利益或者他人的人身、财产安全，不顾自身安危通过同违法犯罪行为做斗争或者实施抢险、救灾、救人等方式的一种行为。从构成要件来看，见义勇为的主体是非负有法定职责或者义务的自然人。负有法定职责或者义务的主体，在履行法定职责或者义务时，不能成为见义勇为的主体。如消防队员实施的抢险救灾行为，公安民警实施的抓捕行为等都属于职务行为，不是见义勇为。见义勇为所保护的客体，是国家、集体利益或者他人的人身、财产安全。公民为保护本人生命、财产安全而与违法犯罪做斗争的行为，不能认定为见义勇为，而是正当防卫的行为。见义勇为的主观方面在于不顾个人安危，主动实施。见义勇为的客观方面，表现为在国家、集体的利益或者他人的人身、财产遭受正在进行的侵害的时候，不顾自身安危与侵害行为、自然灾害进行斗争或排除危险状态的行为。本案中，孙某某与受益人只是邻居关系，为了救助落水儿童，不顾安危只身一人下水救人，完全符合见义勇为的特征。

第二，关于见义勇为救助人的特别请求权的规定。这里的特别请求权是指救助人在实施见义勇为的行为中自身受到伤害，所享有的赔偿和补偿自身损失的请求权。见义勇为救助人的请求权的实施前提是其在实施救助行为中自身受到损失。请求权的行使包含两种情形：一是对侵权人的损害赔偿请求权。在这种情况下，如果救助人已经从侵权人处获得了赔偿，那么受益人是否给予适当的补偿，由受益人自己决定，不属于其法定义务；二是对受益人的适当补偿请求权，包括侵权人只能承担部分赔偿责任的情况下可以行使的补偿请求权；无侵权人、侵权人逃逸或者侵权人无力承担民事责任时行使的补偿请求权，这时的补偿属于其法定义务，必须履行。按照《民法典》第一百八十三条的规定，孙某某属于因保护他人民事权益导致自己死亡的，在本案没有侵权人的情况下，受益人杨某某应当给予适当补偿。由于杨某某属于未成年人，没有民事行为能力，所以应由杨某某的父母（法定监护人）承担补偿责任。当然，如果存在侵权人的话，那么首先应该由侵权人承担赔偿责任，只有在没有侵权人或者侵权人无力赔偿时，才由受益人进行补偿，

第三，在具体的金额确定上，法律没有详细的规定，应结合案件发生时的具体状况等因素综合考量。此处还需要注意的是，受益人不是侵权人，不负赔偿责任，只负补偿责任。虽然这种补偿是法定的义务，但这里不适用填平原则，并不是对救助人所有损失的补偿，而仅仅是适当的补偿。在具体数

额的确定上，应先由双方协商，当协商不成时，由人民法院判决。人民法院需要根据受益人实际受益情况、救助人受损害的程度、救助人是否已获部分赔偿以及救助人和受益人的家庭经济状况、当地的经济发展水平等不同情况，判决受益人给付救助人适当的补偿费。

5.“典”亮美好生活

《民法典》总则第一百八十三条的规定弘扬了社会正义，鼓励了舍己为人的传统美德，保护了见义勇为者的合法权益，凸显了社会主义核心价值观。2021 年 2 月，最高人民法院印发《关于深入推进社会主义核心价值观融入裁判文书释法说理的指导意见》，其中规定“涉及疫情防控、抢险救灾、英烈保护、见义勇为、正当防卫、紧急避险、助人为乐等，可能引发社会道德评价的案件”，应当在其裁判文书中强化运用社会主义核心价值观释法说理，以公正司法引领社会公正。本案中，孙某某在没有法定或者约定义务的前提下，不顾个人安危救助落水儿童的行为属于见义勇为，我们不但要在社会道德舆论上肯定、弘扬这种高尚的行为，也要从法律上去肯定该行为本身所蕴含的社会价值和意义，更需要从法律上保护见义勇为人的具体权益，补偿见义勇为人本人，或其家庭因救助行为而遭受的损失或困境，不让英雄流血也流泪。

案例九　英雄烈士需要保护　人格利益不得侵犯

1. 基本案情[①]

被告某网络科技有限公司将其付费会员称为“雷锋会员”，将其提供服务的平台称为“雷锋社群”，将其注册运营的微信公众号称为“雷锋哥”，在微信公众号上发布有“雷锋会员”“雷锋社群”等文字的宣传海报和文章，并在公司住所地悬挂“雷锋社群”文字标识。该公司以“雷锋社群”名义多次举办“创业广交会”“电商供应链大会”“全球云选品对接会”等商业活动，并以“雷锋社群会费”等名目收取客户费用16笔，金额共计308464元。公益诉讼起诉人诉称，要求被告立即停止在经营项目中以雷锋的名义进行宣传，并在浙江省内省级媒体就使用雷锋姓名赔礼道歉。

① 案件来源：本案为最高人民法院发布的人民法院贯彻实施民法典典型案例（第一批）。

2. 判决结果

法院认为，英雄的事迹和精神是中华民族共同的历史记忆和精神财富，雷锋同志的姓名作为一种重要的人格利益，应当受到保护。某网络科技有限公司使用的“雷锋”文字具有特定意义，确系社会公众所广泛认知的雷锋同志之姓名。该公司明知雷锋同志的姓名具有特定的意义，仍擅自将其用于开展网络商业宣传，会让公众对“雷锋社群”等称谓产生误解，侵犯了英雄烈士的人格利益。将商业运作模式假“雷锋精神”之名推广，既曲解了“雷锋精神”，与社会公众的一般认知相背离，也损害了承载于其上的人民群众的特定感情，对营造积极健康的网络环境产生负面影响，侵害了社会公共利益。故判决被告停止使用雷锋同志姓名的行为（包括停止使用“雷锋哥”微信公众号名称、“雷锋社群”名称、“雷锋会员”名称等），并在浙江省内省级报刊向社会公众发表赔礼道歉的声明。

3. 关联法条

《中华人民共和国民法典》

第一百八十五条　侵害英雄烈士等的姓名、肖像、名誉、荣誉，损害社会公共利益的，应当承担民事责任。

第一千条　行为人因侵害人格权承担消除影响、恢复名誉、赔礼道歉等民事责任的，应当与行为的具体方式和造成的影响范围相当。

行为人拒不承担前款规定的民事责任的，人民法院可以采取在报刊、网络等媒体上发布公告或者公布生效裁判文书等方式执行，产生的费用由行为人负担。

4. 法典微讲堂

本案的焦点在于英雄烈士的姓名、肖像、名誉、荣誉等是否需要保护？被告某网络科技有限公司能否在经营中使用“雷锋”的姓名？如果出现以上行为，损害社会公共利益的，应当如何承担民事责任？

第一，关于人格权。人格权是指民事主体固有的，由法律确认的，以人格利益为客体，作为民事权利义务主体应当具备的基本权利。人格权具有自然权利和法定权利双重属性。

人格权的自然属性主要表现在：人格权无须民事主体为一定行为就能取得，并始终与民事主体相伴随而客观存在；民事主体只能享有，而不能转让或抛弃这种权利；法律旨在确认和维护这种权利，而不能剥夺，尤其是对一般人格权。人格权的法定属性主要表现在：人格权如果没有法律的确认和保护，就会沦为泛泛的口号；不同国家在不同时期，对人格利益的保护范围是不同的；人格权的具体内容和保护方法需要法律加以确定。姓名权、肖像权、名誉权、荣誉权等都属于人格权的具体内容。

（1）姓名权。根据《民法典》第一千零一十二条的规定，自然人享有姓名权，有权依法决定、使用、变更或者许可他人使用自己的姓名，但是不得违背公序良俗。《民法典》第一千零一十四条又规定，任何组织或者个人不得以干涉、盗用、假冒等方式侵害他人的姓名权或者名称权。

（2）肖像权。指自然人所享有的对自己的肖像上所体现的一种人格权利。肖像权所表现的基本利益主要是精神利益，但也表现一定的物质利益；肖像权是自然人专有的民事权利；肖像权的客体即肖像具有可重复利用性和再生性。肖像权的主要内容包括维护肖像完整权、肖像使用权和肖像制作权等。

（3）名誉权。指民事主体就自身属性和价值所获得的社会评价和自我评价享有的权利。名誉的含义除了通常所讲的社会综合评价，即外部名誉这层含义外，还应包括民事主体的自我评价和自我认识，即内部名誉，也称为名誉感。

（4）荣誉权。指民事主体获得、保持、利用荣誉并享有其所生利益的权利。荣誉权是一种身份权，并非人人都能享有；荣誉权的主体可以是任何民事主体，不受行为能力限制；荣誉权可因荣誉被取消而消灭。

第二，关于英雄烈士的保护。英雄是重要的荣誉称号，烈士有着明确的评定标准，必须符合《烈士褒扬条例》或《军人抚恤优待条例》的规定。关于死者人格利益的保护，早在1989年最高人民法院发布的《关于死亡人的名誉权应受法律保护的函》中就初步明确了。此后在《最高人民法院关于审理名誉权案件若干问题的解答》中作了进一步的规定。在《精神损害赔偿司法解释》中对死者的人格利益的保护作了明确的规定。

我国在《英雄烈士保护法》中对英雄烈士的保护有了细致、具体的规定，其第二十二条中明确规定，禁止歪曲、丑化、亵渎、否定英雄烈士事迹和精神。英雄烈士的姓名、肖像、名誉、荣誉受法律保护。任何组织和个人不得在公共场所、互联网或者利用广播电视、电影、出版物等，以侮辱、诽谤或者其他方式侵害英雄烈士的姓名、肖像、名誉、荣誉。任何组织和个人不得将英雄烈士的姓名、肖像用于或者变相用于商标、商业广告，损害英雄烈士的名誉、荣誉。第二十五条又规定，对侵害英雄烈士的姓名、肖像、名誉、荣誉的行为，英雄烈士的近亲属可以依法向人民法院提起诉讼。英雄烈士没有近亲属或者近亲属不提起诉讼的，检察机关依法对侵害英雄烈士的姓名、肖像、名誉、荣誉，损害社会公共利益的行为向人民法院提起诉讼。负责英雄烈士保护工作的部门和其他有关部门在履行职责过程中发现第一款规定的行为，需要检察机关提起诉讼的，应当向检察机关报告。

显然，英雄烈士的姓名、肖像、名誉、荣誉等必须保护。被告某网络科技有限公司在经营中使用“雷锋”的姓名，这是对“雷锋精神”的曲解，伤害了人民群众的情感，损害了社会公共利益。判决被告停止使用雷锋同志姓名的行为（包括停止使用“雷锋哥”微信公众号名称、“雷锋社群”名称、“雷锋会员”名称等），并在浙江省内省级媒体向社会公众发表赔礼道歉的声明是完全合法、准确的。

5.“典”亮美好生活

英雄烈士是一个国家和民族精神的体现，是引领社会风尚的标杆。《民法典》总则第一百八十五条中对英烈姓名、名誉、荣誉等的法律保护，对于促进社会尊崇英烈、扬善抑恶、弘扬社会主义核心价值观意义重大。

近代以来，为了争取民族独立和人民解放，实现国家富强和人民幸福，促进世界和平和人类进步而毕生奋斗、英勇献身的英雄烈士，功勋彪炳史册，精神永垂不朽。国家和人民永远尊崇、铭记英雄烈士为国家、人民和民族作出的牺牲和贡献。对英雄烈士的保护，维护了社会公共利益，传承和弘扬了英雄烈士精神、爱国主义精神，培育和践行了社会主义核心价值观，激发了实现中华民族伟大复兴的强大精神力量。

二

物权

保护财产　稳定合理预期

案例十 国家集体私人 物权平等保护

1. 基本案情①

某县农民刘某承包的土地，靠近该县林业局的围墙，土地上栽种着果树。2021 年 9 月起，刘某在承包地上施工，把从地里挖出来的土堆在林业局的围墙边，垒得很高，填埋了围墙外侧的排水沟。2021 年 10 月 25 日早上围墙倒塌，砸坏了停在围墙里面的一辆小汽车，造成损失 18939 元。经广州仲恒房屋安全鉴定有限公司鉴定，围墙倒塌与刘某乱堆土和封堵排水沟之间存在主要因果关系，据此小汽车车主马某某向法院起诉刘某，要求其赔偿汽车损害的经济损失。

2. 判决结果

根据《中华人民共和国民法典》第二百零七条："国家、集体、私人的物权和其他权利人的物权受法律平

① 案件来源：姚安县人民法院民事判决书（2022）云 2325 民初 219 号马某某、刘某财产损害赔偿纠纷民事一审民事判决书。

等保护，任何组织或者个人不得侵犯。"《民法典》第二百九十五条规定："不动产权利人挖掘土地、建造建筑物、铺设管线以及安装设备等，不得危及相邻不动产的安全。"本案中，被告刘某在自己承包的土地上挖掘并堆土的行为，造成林业局部分围墙倒塌，致原告车辆受到损害。经鉴定，刘某的行为与围墙的倒塌存在主要因果关系，故被告刘某对事故的发生负有主要责任。县林业局因未能定期维护围墙的安全，也要对事故的发生承担次要责任。

根据《民法典》第一千一百七十二条规定："二人以上分别实施侵权行为造成同一损害，能够确定责任大小的，各自承担相应的责任。"刘某对原告的损失应承担主要赔偿责任，县林业局应对刘某的损失承担次要赔偿责任。由于原告自愿放弃了向县林业局要求赔偿的权利，判决被告刘某承担原告60%的损失，赔偿原告车辆维修费为11363元。

3. 关联法条

《中华人民共和国民法典》

第二百零七条　国家、集体、私人的物权和其他权利人的物权受法律平等保护，任何组织或者个人不得侵犯。

4. 法典微讲堂

本案争议的焦点在于：车主的损失是否应该得到赔偿？围墙的倒塌与被告刘某的堆土行为是否有因果关系？刘某应该对车主的损失承担多少责任？

第一，《民法典》第二百零七条："国家、集体、私人的物权和其他权利人的物权受法律平等保护，任何组织或者个人不得侵犯。"物权是指民事主体依法对个人和公共财产享有的占有、使用、收益、处分的权利。无论是国家，还是集体和个人，他们的物权都受法律的平等保护。在本案中，林业局作为国家机关，其围墙的物权应该受到保护；原告作为私人，其汽车的物权也应该受到保护。

第二，《民法典》第二百九十五条规定："不动产权利人挖掘土地、建造建筑物、铺设管线以及安装设备等，不得危及相邻不动产的安全。”这里的不动产是与动产相对的一个概念，它是指土地、房屋等依自然性质或者法律的规定在空间上占有固定位置，移动后会影响其经济价值的物。不动产权利人在挖掘土地、建造建筑等活动中不得危害到相邻的土地、房屋等不动产的安全。在本案中，被告刘某虽然是在自己承包的土地上施工，但这种施工填埋了围墙外侧的排水沟，导致围墙倒塌，这是一种侵权行为，应该予以赔偿。

第三，《民法典》第一千一百七十二条规定：“二人以上分别实施侵权行为造成同一损害，能够确定责任大小的，各自承担相应的责任。”共同侵权，如果某一种危害结果，是由几个原因共同导致的，要求这几个共同侵权人，按照责任的大小，各自承担一定比例的责任。在本案中，被告挖掘土地是围墙倒塌的一个原因，但围墙所有人没有定期维护，与围墙的倒塌也有一定的关系，所以二者对马某某的损失共同承担赔偿责任，法院酌情为两者划分了责任的大小，设定了一个赔偿的比例，刘某是百分之六十，林业局是百分之四十。

5.“典”亮美好生活

《民法典》第二百零七条是指国家、集体、私人等主体的物权受到法律的平等保护，我们不能因为物权的主体的不同，而给予他们不同的保护。“有恒产者有恒心”，意思是有收入有财产的人，会格外珍惜安全稳定的环境，不违法犯罪，不伤害他人。这样做既有利于维护市场经济主体的平等地位，又有利于促进公平竞争，提高经济效率。没有“国强”，“民富”将没有保障，而没有“民富”，“国强”也将失去根基。

个人在行使自己权利的时候，必须考虑到国家、集体和私人的权利，不能因为土地使用权或房屋是自己的，就可以随意在土地上和房屋内从事某种建设。比如不能随意挖掘土地、堆放泥土，也不能随意装修房屋、倾倒渣土。因为这些行为影响了他人的不动产的安全、整洁和卫生，影响他人的身心健康。最好的情况是，我们在行使自己权利的时候，也能同时促进他人的权利。

案例十一　私人合法财产　同样不可侵犯

1. 基本案情[①]

张某某与马某某原来是夫妻关系。马某某因涉嫌犯故意伤害罪于2017年9月27日被文昌市公安局抓获，后被羁押于文昌市看守所。2018年1月，张某某诉至法院，要求与马某某离婚。2018年7月2日，双方在法院调解下自愿达成离婚协议。同年8月，张某某以离婚后财产纠纷为由，再将马某某诉至法院，要求判令马某某占有的一辆北京现代牌小型汽车归自己所有，目前张某某不知道该车辆的具体下落。

2. 判决结果

法院认为，私人对其合法的收入、房屋、生活用品、生产工具、原材料等不动产和动产享有所有权。无权占有不动产或者动产的，权利人可以请

① 案件来源：北京市怀柔区人民法院民事判决书（2020）京0116民初1231号张某某与马某某返还原物纠纷一审民事判决书。

求返还原物。根据查明的事实和张某某的陈述，诉争车辆所有权人是张某某，但是该车仍登记在马某某名下，没有办理变更登记手续，因马某某未将该车交给张某某。依照《民法典》第二百六十七条等条款，马某某应于判决生效后七日内返还张某某北京现代牌小型汽车一辆，并协助张某某办理车辆所有权变更登记手续。

3. 关联法条

《中华人民共和国民法典》

第二百六十七条　私人的合法财产受法律保护，禁止任何组织或者个人侵占、哄抢、破坏。

4. 法典微讲堂

本案争议的焦点在于：公民的合法财产被他人占有，法律能够提供什么救济？法院依据《民法典》第二百六十七条，判决被告马某某返还张某某汽车一辆，并协助张某某办理车辆所有权变更登记手续，以实现张某某对该车辆的所有权。《民法典》第二百六十七条有以下几点含义：

第一，《民法典》这一条规定需要和前文的国有财产、集体财产的保护相比较。《民法典》从第二百四十六条开始，到第二百六十五条结束，规定了国家所有的财产和集体所有的财产的保护。和国有财产、集体财产不同，个人财产的范围主要限于个人生产生活用品。《民法典》第二百六十六条规定，“私人对其合法的收入、房屋、生活用品、生产工具、原材料等不动产和动产享有所有权。”对于国家作为所有者的矿藏、水流、海域，以及国家和集体（经济组织）作为所有者的土地，个人没有所有权，只有使用权。

之所以有这样的安排，是我国的社会主义制度决定的。社会主义的目标是共同富裕，为达到这一目标，让每个人都能获得良好的社会保障，国家和社会必须有相当大的财力，比如对特别重要的自然资源行使独占所有权。防止少数人垄断社会财富，导致贫富分化。

第二，尽管如此，私人财产在一定的范围内同样是受法律保护的。《民法典》第二百六十七条就是这方面的规定，“私人的合法财产受法律保护，禁止任何组织或者个人侵占、哄抢、破坏。”这一条和几乎和《民法典》第二百六十五条如出一辙：“集体所有的财产受法律保护，禁止任何组织或者个人侵占、哄抢、私分、破坏。”不过私人财产前面加了一个“合法”的限定词。这一条也是我国《宪法》第十三条的规定：“公民的合法的私有财产不受侵犯。国家依照法律规定保护公民的私有财产权和继承权。”私人合法财产的保护至关重要。因此《民法典》规定，禁止侵占、哄抢、破坏私人财产，不能因为有人富裕，有人贫穷，就侵占甚至聚众哄抢他人财产。

如果私人财产的保护和国有、集体财产的保护发生冲突怎么办呢？要在现行法律框架内救济弱势群体，由政府和社会以法律内部的手段，比如通过征税筹集资金，为他们提供救济。《宪法》第十三条的规定：“国家为了公共利益的需要，可以依照法律规定对公民的私有财产实行征收或者征用并给予补偿。”我们不能侵占、哄抢私人财产，来救济弱势群体，这是违法的行为。

5.“典”亮美好生活

《民法典》的出台为保障合法财产提供了更加完善的法律保护体系。根据宪法精神，《民法典》明确规定，私人的合法财产受法律保护，禁止任何组织或者个人侵占、哄抢、破坏。法律保护的是私人的合法财产，非法取得的财产不受法律保护。根据《民法典》，个人对其合法收入、房屋、生活用品、生产工具、原材料等不动产和动产拥有所有权。因此，日常生活中，公民的合法收入（工资、奖金、稿费、利息、分红、接受礼品等）、居住和生活的房屋、生活用品（衣服、食物、交通工具等）、书籍和资料、法律允许公民所有的树木、牲畜等合法财产都属于公民个人财产。当个人合法财产被侵犯后，权利人可以要求侵权人返还财产和赔偿损失。

案例十二　小区公共事务　业主共同决定

1. 基本案情[①]

于某1购买某小区的一层商铺，自2002年开始经营厨具买卖。该商铺的二层的业主为于某2，于某2在该商铺的外墙上安装广告牌，于某1认为该广告牌影响了她对自己房屋的使用，导致自己无法安装门头牌匾。因为根据行业惯例，门头牌匾都是安装在商铺上方区域，于某2竟将一层门头牌匾位置占为己有，实际安装位置延伸至二楼以下50厘米左右。双方协商未果，于某1请求法院判决拆除于某2的广告牌。于某1请求法院确认其拥有门头广告牌的安装和使用权，于某2违法占用一楼门头位置安装大型门头广告牌，判令拆除于某2安装的广告牌。

① 案件来源：山东省威海市中级人民法院民事判决书（2022）鲁10民终2087号于某1、于某2等排除妨害纠纷二审民事判决书。

2. 判决结果

法院经审理认为：《中华人民共和国民法典》第二百七十三条规定：“业主对建筑物专有部分以外的共有部分，享有权利，承担义务。”共有部分包括建筑物基础、承重结构、外墙、屋顶等基本结构部分，通道、楼梯、大堂等公共通行部分，消防、公共照明等附属设施、设备、避难层、设备层或者设备间等结构部分。

《中华人民共和国民法典》第二百七十八条规定，业主改变小区共有部分的用途或者利用共有部分从事经营活动，由业主共同决定。共同决定事项应当由专有部分面积占比三分之二以上的业主且人数占比三分之二以上的业主参与表决，并由参与表决专有部分面积四分之三以上的业主且参与表决人数四分之三以上的业主同意。

案涉楼房的墙面应属于业主的共有部分，业主对共有部分享有共有权。对于改变该共有部分的用途或者利用共有部分从事经营活动，应当经参与表决专有部分面积四分之三以上的业主且参与表决人数四分之三以上的业主同意。由此可见，于某 2 和于某 1 作为业主，应共同协商经营门头广告的使用问题。于某 1 作为一楼业主，虽专有部分的面积小于于某 2 的，但于某 2 亦不能私自决定门头广告的安装、收益等事项；同理，于某 1 作为一楼业主，其房屋若用于对外经营，安装门头广告符合常理，于某 2 应予配合，但于某 1 并不当然享有其所主张门头位置的广告牌安装和使用权。

3. 关联法条

《中华人民共和国民法典》

第二百七十八条　下列事项由业主共同决定：

（一）制定和修改业主大会议事规则；

（二）制定和修改管理规约；

（三）选举业主委员会或者更换业主委员会成员；

（四）选聘和解聘物业服务企业或者其他管理人；

（五）使用建筑物及其附属设施的维修资金；

（六）筹集建筑物及其附属设施的维修资金；

（七）改建、重建建筑物及其附属设施；

（八）改变共有部分的用途或者利用共有部分从事经营活动；

（九）有关共有和共同管理权利的其他重大事项。

业主共同决定事项，应当由专有部分面积占比三分之二以上的业主且人数占比三分之二以上的业主参与表决。决定前款第六项至第八项规定的事项，应当经参与表决专有部分面积四分之三以上的业主且参与表决人数四分之三以上的业主同意。决定前款其他事项，应当经参与表决专有部分面积过半数的业主且参与表决人数过半数的业主同意。

4. 法典微讲堂

本案争议的焦点在于：第一，建筑的外墙是否属于业主私人所有？第二，如果不属于私人所有而属于该建筑的所有业主共有，那么谁来决定该外墙如何使用？

关于第一个问题，《民法典》第二百七十四条规定：建筑区划内的道路，属于业主共有，但是属于城镇公共道路的除外。建筑区划内的绿地，属于业主共有，但是属于城镇公共绿地或者明示属于个人的除外。建筑区划内的其他公共场所、公用设施和物业服务用房，属于业主共有。

至于建筑外墙的所有权归谁，最高法院作了规定。《最高人民法院关于审理建筑物区分所有权纠纷案件适用法律若干问题的解释》第三条规定：“除法律、行政法规规定的共有部分外，建筑区划内的以下部分，也应当认定为《民法典》第二编第六章所称的共有部分：（一）建筑物的基础、承重结构、外墙、屋顶等基本结构部分，通道、楼梯、大堂等公共通行部分，消防、公共照明等附属设施、设备，避难层、设备层或者设备间等结构部分……”根据这一规定，建筑的外墙属于业主共有，而不是特定业主私有。

关于第二个问题，《民法典》第二百七十八条规定："下列事项由业主共同决定：……（八）改变共有部分的用途或者利用共有部分从事经营活动；……"因为外墙属于共有部分，所以外墙的使用方式，是设置广告牌，还是做装饰？由业主共同决定。至于决定的程序，则需要以双三分之二和双四分之三的比例的业主同意。

所谓"双三分之二"是指《民法典》第二百七十八条规定的，参与表决的业主拥有的专有部分的面积，要占全部专有部分的面积的三分之二以上，参与表决的业主的人数，也要占比全部业主人数的三分之二以上。而所谓"双四分之三"是指，同意某种方案的业主拥有的专有部分的面积，应当占所有参与表决的业主拥有的专有部分面积的四分之三以上，同意该方案的业主的人数，也应当占所有参与表决的人数的四分之三以上。小区的业主只对室内如何装饰有决定权，外墙如何装饰必须由全体业主来决定。

5."典"亮美好生活

《民法典》第二百七十八条规定，建筑物的共有部分，比如外墙、屋顶、通道、楼梯、大堂等设施，归小区业主共有和共同管理。在另外一个案例中，陈某发现楼下王某在其家阳台外面安装的防盗窗，凸出墙外50–60cm，该防盗窗可能成为小偷爬往陈家的阶梯，陈某要求王某拆除该防盗窗，王某拒不拆除。陈某向法院起诉，要求法院判决王某拆除防盗窗。法院审理后认为王某在公共外墙安装防盗窗的行为是其对建筑物共有的部分行使权利，增加了其他业主家被盗的风险，判决王某拆除防盗窗。

需要强调的是，建筑物共有部分归所有业主所有，并不意味着业主个人没有任何发言权。实际上正因为共有，业主个人的作用更大。俗话说，一个和尚挑水吃，两个和尚抬水吃，三个和尚没水吃。人数越多，就越需要人将大家组织起来，共同决定、共同管理、相互监督。因此，为了让我们的小区环境更好，生活更美，我们一方面不能将公共财产据为己有。另一方面也必须克服惰性，战胜困难，将业主组织起来，共同解决小区管理的问题。

案例十三　业主共同决定　遵循法定程序

1. 基本案情①

梅州市金山花园某栋楼二层至八层共有14户住户，这些住户中很大部分想要加装电梯。于是他们共同签署《增设电梯签名同意书》，并将《同意书》、电梯效果图、电梯设计图纸张贴在该栋楼的大门入口处，向所有业主公示。然而，根据公示的设计图纸，该栋楼要加装电梯，必须铲除现有的3个停车位，只有这样才能满足该市针对加装电梯制定的法律规范——《梅州市市辖区既有住宅增设电梯管理规定》。该规范的第五条规定，供机动车（不含摩托车）通行的通道宽度不小于4米的要求。因为加装电梯以后道路的宽度就达不到4米，所以如果加装电梯，就必须铲除现有的3个车位。在该加装电梯的方案公示期间，有几

① 案件来源：广东省梅州市梅江区人民法院民事判决书（2022）粤1402民初811号彭某某、王某某排除妨害纠纷民事纠纷案。

名住户提出了异议，并在电梯安装过程中阻挠施工。因此电梯建设方就向法院起诉阻挠电梯施工的居民。

2. 判决结果

法院认为，根据《中华人民共和国民法典》第二百七十四条的规定："建设区划内的道路，属于业主共有，但属于城镇公共道路的除外。建筑区划内的绿地，属于业主共有，但属于城镇公共绿地或者明示属于个人的除外……"第二百七十五条第二款的规定："占用业主共有的道路或者其他场地用于停放汽车的车位，属于业主共有。"

因此，金山花园该栋楼对面由绿化带改造成的两排停车位，属于小区全体业主共有。该栋楼加装电梯虽经过备案公示，但铲除3个停车位属于改变共有部分用途，涉及全体业主共同权益，属于《民法典》第二百七十八条规定的全体业主共同决定的特别事项，应经金山花园面积占三分之二以上的业主人数且占比三分之二以上的业主参与表决，并应经参与表决部分面积四分之三以上的业主且参与表决人数四分之三以上的业主的同意。

在该案中，原告未能证实铲除3个车位建设电梯的决定经过以上表决程序，原告的行为侵犯了小区其他业主的权益，因此原告要求确认该栋楼加装电梯符合相关法律规定，依据不足，不予支持。同理，原告要求被告不得阻挠加装电梯施工，法院亦不予支持。

3. 关联法条

《中华人民共和国民法典》

第二百七十八条　下列事项由业主共同决定：

（一）制定和修改业主大会议事规则；

（二）制定和修改管理规约；

（三）选举业主委员会或者更换业主委员会成员；

（四）选聘和解聘物业服务企业或者其他管理人；

（五）使用建筑物及其附属设施的维修资金；

（六）筹集建筑物及其附属设施的维修资金；

（七）改建、重建建筑物及其附属设施；

（八）改变共有部分的用途或者利用共有部分从事经营活动；

（九）有关共有和共同管理权利的其他重大事项。

业主共同决定事项，应当由专有部分面积占比三分之二以上的业主且人数占比三分之二以上的业主参与表决。决定前款第六项至第八项规定的事项，应当经参与表决专有部分面积四分之三以上的业主且参与表决人数四分之三以上的业主同意。决定前款其他事项，应当经参与表决专有部分面积过半数的业主且参与表决人数过半数的业主同意。

4. 法典微讲堂

本案争议的焦点在于：谁有权做出小区加装电梯的决定？加装电梯需要履行什么手续？加装电梯时铲除业主的停车位是否合理？

根据《民法典》第二百七十八条的规定，“下列事项由业主共同决定：……（八）改变共有部分的用途或者利用共有部分从事经营活动。……业主共同决定事项，应当由专有部分面积占比三分之二以上的业主且人数占比三分之二以上的业主参与表决。决定前款第六项至第八项规定的事项，应当经参与表决专有部分面积四分之三以上的业主且参与表决人数四分之三以上的业主同意。”

因为加装电梯是一种改变小区共有部分用途的行为，所以需要小区业主共同决定。具体的决定规则是，参与投票的业主所占有的专有部分的面积要达到总面积的三分之二，参与投票的业主的人数也要达到总业主人数的三分之二；做出同意的决定的业主所拥有的专有部分的面积占总专有部分面积的四分之三，并且其人数则要达到上述参与投票的业主的四分之三。之所以要这么高的人数的要求，是希望让每个人都能在是否加装电梯的决定中发表意见，并通过凝聚大多数人的共识，来解决社会管理中存在的问题。

在本案中，部分业主加装电梯的行为未经小区其他业主的同意，明显违反了法律的规定。再者即便是大多数业主同意铲除停车位、加装电梯，停车位被铲除的业主，也应该获得补偿。不过由于这一点在本案中没有作为讨论的重点，这里也不做过多分析，后面将在其他案例中详细分析。

5.“典”亮美好生活

《民法典》第二百七十八条对公共事务的决定程序也作了详细的规定，比如参与投票的业主人数和做出同意意见的业主人数，只有这样，我们才能让民主表达意见的程序有章可循，才能让民主落到实处。

除此之外，由于加装电梯会改变小区的规划，会涉及电线电缆等管线的安全，根据《城乡规划法》，该建设还需要向规划部门申请《建设工程规划许可证》。申请许可证的一个重要的前提是向小区业主公示，也就是公开展示建设方案，听取其他业主的意见，这是民主协商的重要方式，也是维护社会和谐的重要途径。

案例十四　少数服从多数　负有容忍义务

1. 基本案情[1]

某老旧小区业主打算加装电梯。经讨论和表决，同意安装电梯的业主人数达到法律规定的要求。根据该小区业主的申请，有关部门于 2020 年 10 月 22 日对该小区加装电梯进行了批前公示，并按照相关要求办理了《建设工程规划许可证》。2021 年 6 月，该小区加装的电梯安装完毕并投入使用。

但是该小区 2 单元 102 号房的业主方某某、黄某某以建设电梯未有效公示，建设电梯造成住宅的通风、采光、日照、隐私等权利受到侵害为由，向人民法院起诉，请求判令周某、陈某某等人停止使用电梯、拆除电梯设施、恢复原状，并赔偿损失 10 万元。

① 案件来源：最高人民法院发布第二批 9 起人民法院大力弘扬社会主义核心价值观典型民事案例之五：方某某、黄某某诉周某、陈某某等物权保护纠纷案。

2. 判决结果

法院判决驳回方某某、黄某某的全部诉讼请求。法院认为，该小区加装电梯的程序符合法律规定，该电梯与2单元房屋之间留有足够的距离，对该单元业主的通行并没有造成妨碍；电梯正对2单元楼道的中部，长度为2.9米，面对电梯的阳台长度达到5.7米，对2单元房屋的采光和通风没有造成妨碍，且电梯运行声响很小，未产生明显噪音。

法院认为，老旧小区加装电梯涉及广大群众的出行方便，关系到社会的和谐稳定。即便加装电梯确实给低层住户的居住环境带来一定的变化，但在整体上不妨碍采光、通行、通风等相应权利，低层住户对小区加装电梯的行为，应负有一定的容忍义务。

3. 关联法条

《中华人民共和国民法典》

第二百七十八条　下列事项由业主共同决定：

（一）制定和修改业主大会议事规则；

（二）制定和修改管理规约；

（三）选举业主委员会或者更换业主委员会成员；

（四）选聘和解聘物业服务企业或者其他管理人；

（五）使用建筑物及其附属设施的维修资金；

（六）筹集建筑物及其附属设施的维修资金；

（七）改建、重建建筑物及其附属设施；

（八）改变共有部分的用途或者利用共有部分从事经营活动；

（九）有关共有和共同管理权利的其他重大事项。

业主共同决定事项，应当由专有部分面积占比三分之二以上的业主且人数占比三分之二以上的业主参与表决。决定前款第六项至第八项规定的事项，应当经参与表决专有部分面积四分之三以上的业主且参与表决人数四分之三以上的业主同意。决定前款其他事项，应当经参与表决专有部分面积过半数的业主且参与表决人数过半数的业主同意。

4. 法典微讲堂

本案争议的焦点在于：谁有权做出小区加装电梯的决定？不同意加装电梯的业主，如果权益受损，是否应该得到补偿？

如上文所述，加装电梯是一种改变小区共有部分用途的行为，需要小区业主共同决定。具体的决定规则是，参与投票的业主所占有的专有部分的面积要达到总面积的三分之二，参与投票的业主的人数也要达到总业主人数的三分之二；做出同意的决定的业主拥有的专有部分的面积占总专有部分面积的四分之三，且其人数达到上述参与投票的业主人数的四分之三。

可是那些极少数不同意加装电梯、觉得利益受损的业主，应不应该得到补偿呢？按照法律理论来看，一方面，像加装电梯这样关系大多数人利益的决定，应该按照大多数人的意见来行事，这种决定不可能让每个人都满意。这其实是一种民主的精神，民主就是集聚大多数人的意见。

但是另一方面，如果社会公共决定让个别人遭受损失，国家也可以给予一定的补偿，就像国家为了公共建设，需要征收农民的宅基地和房屋，需要给受损失的农民相应的补偿。所以如果个别业主在电梯安装过程中产生了实际的损失，也应该得到相应的补偿。在本案中法院认为反对建设电梯的一方并没有实际的损失，所以驳回其诉讼请求。

5.“典”亮美好生活

《民法典》第二百七十八条从少数服从多数的民主原则出发，告诉我们在公共事务的决定中，要多一些容忍，少一些苛责。崇德修睦、包容互让是构建和谐邻里关系的重要条件。人们生活的距离越近，越需要包容和体谅。城市化让建筑物的所有权变得很复杂，在多户同住一栋楼的情况下，无论是使用专有部分还是管理共有部分，都需要考虑其他业主的利益，按照法律规定的方式和程序进行。为老旧小区加装电梯，可以方便住在高层的住户，尤其是老年人出行。

当前，老旧小区没有电梯影响居民出行的问题具有普遍性。各地政府亦纷纷出台政策支持老旧住宅加装电梯。但加装电梯也容易引发楼上楼下的纠纷，这不仅涉及每栋住宅中住户的权益，亦关系到社会和谐稳定。本案中安装电梯的决定经过绝大部分住户同意，未明显影响低层住户利益。在个别低层住户反对时，人民法院通过明确低层住户对加装电梯的适度容忍义务，保障了高楼层住户的通行方便，体现了和谐、友善的社会主义核心价值观，充分彰显了司法裁判在社会治理中的规则引领和价值导向作用，对于维护团结互助的社区环境，营造和谐友爱的邻里关系具有积极意义。

案例十五 业主私自建设 物业也可拆除

1. 基本案情[①]

谭某是沈阳某社区一楼的业主。2021年6月，谭某在自家楼房阳台南侧，自建了一个木制的凉亭，上面还搭建了葡萄架，此举遭到小区居民的投诉。2021年6月18日，河畔社区与苏新物业公司联合发布了《河畔花城三期侵绿毁绿整治实施方案的公告》，要求谭某自行拆除违法建筑，但谭某一直不予配合。后在区行政执法局的要求下，小区物业雇佣工人拆除了谭某所建的凉亭。谭某不服物业公司的拆除行为，向法院起诉要求赔偿经济损失30000元。

2. 判决结果

法院根据《中华人民共和国民法典》第二百七十八条和第一百三十二

① 案件来源：辽宁省沈阳市中级人民法院二审民事判决书（2022）辽01民终1796号沈阳某物业管理有限公司、谭某等财产损害赔偿纠纷民事二审民事判决书。

条指出，谭某在追求个人利益的过程中，不应以牺牲他人和公共利益为代价，从而背离法治、和谐、友善等社会主义核心价值观，所以谭某在园区公共道路上私自建造的凉亭属于违章建筑。

此外，法院根据《民法典》第二百八十五条指出，物业公司虽然不能作为执法机关，拆除违章建筑，但物业公司有权对小区公共区域进行管理，也有义务配合政府的管理措施。所以物业公司拆除谭某建设的凉亭的做法并没有过错，不应承担赔偿责任。

3. 关联法条

《中华人民共和国民法典》

第二百七十八条　下列事项由业主共同决定：

（一）制定和修改业主大会议事规则；

（二）制定和修改管理规约；

（三）选举业主委员会或者更换业主委员会成员；

（四）选聘和解聘物业服务企业或者其他管理人；

（五）使用建筑物及其附属设施的维修资金；

（六）筹集建筑物及其附属设施的维修资金；

（七）改建、重建建筑物及其附属设施；

（八）改变共有部分的用途或者利用共有部分从事经营活动；

（九）有关共有和共同管理权利的其他重大事项。

业主共同决定事项，应当由专有部分面积占比三分之二以上的业主且人数占比三分之二以上的业主参与表决。决定前款第六项至第八项规定的事项，应当经参与表决专有部分面积四分之三以上的业主且参与表决人数四分之三以上的业主同意。决定前款其他事项，应当经参与表决专有部分面积过半数的业主且参与表决人数过半数的业主同意。

第二百八十五条　物业服务企业或者其他管理人根据业主的委托，依照本法第三编有关物业服务合同的规定管理建筑区划内的建筑物及其附属设施，接受业主的监督，并及时答复业主对物业服务情况提出的询问。

物业服务企业或者其他管理人应当执行政府依法实施的应急处置措施和其他管理措施，积极配合开展相关工作。

4. 法典微讲堂

本案争议的焦点在于：住宅小区的土地归谁所有？谁有权在小区公共区域建设？个人未经其他人同意，私自建设房屋，应该如何处理呢？物业公司有无权力拆除小区的违法建筑？

首先，根据《民法典》第二百七十一条规定：“业主对建筑物内的住宅、经营性用房等专有部分享有所有权，对专有部分以外的共有部分享有共有和共同管理的权利。”因此，除了个人住宅和经营性用房之外，其他部分比如小区道路、绿地，都是业主共同共有。既然小区道路、绿地等公共场所属于业主共同共有，那么在这些区域内进行建设，就需要小区业主共同决定，私人不能私自进行建设。

其次，根据《民法典》第二百七十八条，下列事项由业主共同决定：（八）改变共有部分的用途或者利用共有部分从事经营活动；……业主共同决定事项，应当由专有部分面积占比三分之二以上的业主且人数占比三分之二以上的业主参与表决。决定前款第六项至第八项规定的事项，应当经参与表决专有部分面积四分之三以上的业主且参与表决人数四分之三以上的业主同意。”所以改变共有部分的用途，比如在公共道路上建设凉亭，要满足以下四个条件：（1）投票的业主的总数，要达到业主总人数的三分之二；（2）投票的业主所占有的建筑面积，也要占总建筑面积（除去共有部分面积）的三分之二；（3）同意进行建设的业主的总数，要占参与投票的业主的总人数的四分之三；（4）同意进行建设的业主所占有的建筑面积，也要占参与投票的业主所占有的建筑面积的四分之三。因此在本案中，谭某在未征得其他业主同意的情况下，私自在小区共有区域建设凉亭，是一种违法行为。

最后根据《行政强制法》第四十四条的规定，“对违法的建筑物、构筑物、设施等需要强制拆除的，应当由行政机关予以公告，限期当事人自行拆除。当事人在法定期限内不申请行政复议或者提起行政诉讼，又不拆除的，行政机关可以依法强制拆除”。物业公司虽不具有强制拆除违法建筑的权力，但是我们也知道物业公司接受业主委托管理小区，有义务配合政府的管理措施。物业公司拆除违法建筑的活动可以理解为业主自己行使自力救济权，好比犯罪分子违法进入公民的住宅，公民可以强行将其驱逐出去，而不必等警察来处理。因此物业公司拆除谭某违法建筑的行为也是合法的。

5.“典”亮美好生活

党的二十大报告提出，“健全基层党组织领导的基层群众自治机制，加强基层组织建设，完善基层直接民主制度体系和工作体系，增强城乡社区群众自我管理、自我服务、自我教育、自我监督的实效。”《民法典》第二百七十八条规定了业主对共同管理的事项，有集体讨论、共同决定的权利，就是“基层直接民主”的重要体现，民主就是众人之事众人议，发展基层民主有利于发挥群众的集体力量，激发群众的干事热情，所谓“自己动手丰衣足食”。

在该案的判决中，法院还引用了《民法典》第一百三十二条，该条规定：“民事主体不得滥用民事权利损害国家利益、社会公共利益或者他人合法权益。”法院认为牺牲他人合法权益和社会公共利益，追求个人利益，背离了法治、和谐、友善等社会主义核心价值观。因此，我们每个人在行使个人权利时，必须以维护他人和公共利益为前提，也必须为实现法治、和谐、友善的社会风气而努力。

案例十六 业主物业欠费 不能抵扣租金

1. 基本案情[1]

某小区业主用集资款购建沿街商铺两间，并对外出租。业委会年终收取租金，并将该款发放给小区业主，每户业主可分得 3000 元。张某是该小区业主。业委会以张某未交保温费 1485 元及物业费 1788 元为由，并未向张某实际发放该款项。张某与业委会产生纠纷，向法院提起诉讼。

2. 判决结果

法院认为，集资款购建的沿街商铺两间是业主共有，其产生的收益应由所有业主共享。张某虽然没有缴纳小区保温费和物业费，但他仍有权利要求该业委会发放这一费用，业委会不能未经张某同意，直接予以扣收。因为张某未交的保温费、物业费与本

① 案件来源：日照市东港区人民法院民事判决书（2021）鲁 1102 民初 10315 号东港区秦楼街道济南路教师生活小区业主委员会、张某共有纠纷案。

案的财产发放不属于同一法律关系。

3. 关联法条

《中华人民共和国民法典》

第二百八十条　业主大会或者业主委员会的决定，对业主具有法律约束力。业主大会或者业主委员会作出的决定侵害业主合法权益的，受侵害的业主可以请求人民法院予以撤销。

4. 法典微讲堂

本案争议的焦点在于：小区业主委员会能不能以业主未交保温费和物业费为由，扣除业主应该享有的 3000 元租金？

首先，业委会是小区业主的代表，有权在某些事情上代表业主做出决定，向租客收取小区业主共有商铺的租金，并向小区业主分发。就像我们委托中介出租房屋，中介发布的出租信息，比如租金多少，面积多大，对我们有约束力。对此，《民法典》第二百八十条规定，“业主大会或者业主委员会的决定，对业主具有法律约束力。”也就是说业主大会或者业主委员会，代表的是全体业主，所以他们的决定，每位业主都应该遵循。

但是业主大会或者业主委员会的决定要想有约束力，让每个人都遵守，还有一个条件，那就是，《民法典》第二百八十条的另一句规定：“业主大会或者业主委员会作出的决定侵害业主合法权益的，受侵害的业主可以请求人民法院予以撤销。”这意思是，业主大会或者业主委员会的决定要想约束所有业主，不能侵害个别业主的权益。

但是业委会的决定，不可能让所有人都满意。比如有的小区业主希望多种树种草，有的小区业主则希望把绿地铲掉改建停车场，无论作出什么决定，都会有人不满意。

那么怎么办呢？如果该决定需要满足一定的条件，也可以违背个别业主的意愿：第一，该决定必须是为了保护公共利益，比如为了防范重大疫情的传播；第二，该公共利益还特别重要，比如疫情非常紧急；第三，只有牺牲个人的某些权利，才能达成公共利益；第四，必须以尽可能小的牺牲，来达成公共利益。简单说，在这种情况下，集体利益远大于个人利益。

那么本案中，业主委员会决定不向张某分配租金，符合上述条件吗？显然并不符合。因为在这个案件中，剥夺张某租金的分配权并不是为了某种特别重要的公共利益，追讨物业费虽然有意义，但没有重要到那个程度，而且不支付租金也不是追讨物业费的必要的以及最小伤害的手段。基于此，法院最后判决，张某是否缴纳小区物业费，与张某能不能领到3000元租金，不属于同一个法律关系，二者不具有关联性，小区业主委员会不应该扣发张某的租金。这么说的意思是，物业费的没有交付和租金的发放不是同一件事情导致的，所以二者不能相互抵消。

5. “典”亮美好生活

《民法典》第二百八十条规定了业主大会或者业主委员会的决定权及这一决定权的限度。一方面承认业主大会或者业主委员会有决定权，另一方面也规定该决定不能侵害业主的合法权益。那么到底什么时候业主大会的决定是合理的？什么时候又算是侵犯了业主的权利呢？比如本案的业委会决定不向张某分配这笔钱是恰当的吗？

表面上看，业主欠物业公司一笔物业费，物业公司也欠业主一笔房屋租金，两相抵消就正好解决了问题。但从法律理论上，我们认为这两者是不同的法律关系，前者是合同（物业服务合同）关系，业主的欠债是合同之债；后者是物权关系，物业公司的欠债是房屋的使用费。所以我们不允许这两个债务相互抵消。

我们还可以将该问题看成一个权衡问题。当两项重要的权利发生对抗时，一项权利越重要，另一权利就越应该让步。在该案中，一方是业委会追讨物业费的权利，另一方是业主分配租金的权利。如果业主分配租金的权利越重要，那么业委会收回物业费的权利就越应该让步。因为业主分配租金的权利是业主作为小区主人的权利，比业委会索要物业费的权利更重要，后者要退避三舍，二者不能抵消。

其实，我们个人的生活也是如此。当我们面临重大决定的时候，我们往往会发现，许多不同的要求纠缠在一起，难以抉择。比如一方面很想买某件东西，另一方面又不舍得花钱。这时候我们就要为不同的目标排一排序，在那些非常重要的目标面前，不那么重要的目标就得做出让步。虽然做出这种决定非常难，但我们要学会明智地取舍。

案例十七　村民出外务工　保留承包土地

1. 基本案情①

原告丁某与被告刘某、翟某均是海安市墩头镇双新村村民。1998 年 3 月 1 日，丁某承包了该村一块 2.368 亩的土地，县政府向其颁发了农村集体土地承包经营权证书。2000 年左右原告出门务工，将该地块抛荒不再种植。经村工作人员动员，被告刘某、翟某接手种植这块土地。2019 年二被告又与某种植大户签订了《种植业生产“全托管”服务合同》，将土地交由该承包大户种植。丁某发现后向法院起诉，要求刘某和翟某归还该土地，由丁某自己种植。

2. 判决结果

法院认为，土地承包经营权分为土地承包权与土地经营权，土地承包

① 案件来源：江苏省海安市人民法院民事判决书（2021）苏 0621 民初 2727 号刘某、丁某等返还原物纠纷案一审民事判决书。

权为承包方所有，土地经营权可以为承包方享有，也可以流转给其他主体享有。原告当初虽然将其承包的2.368亩土地抛荒，但并未明确表示放弃该土地承包权，所在村集体经济组织也未依法履行相关土地流转手续，则该土地承包权仍应保留为原告所有。二被告经村委会工作人员的同意，先种植了原告的土地，后又将该地转包给承包大户种植，侵犯了原告的合法权利，被告应予返还。

3. 关联法条

《中华人民共和国民法典》

第三百三十九条　土地承包经营权人可以自主决定依法采取出租、入股或者其他方式向他人流转土地经营权。

4. 法典微讲堂

本案争议的焦点在于：农民对于农村土地具有什么权利？农民如果将土地抛荒，村集体能否收回该土地，交由其他村民种植？

要理解这个问题，我们要搞清楚中国土地制度的基本情况，土地和其他物品不同，其他物品可以为个人所有，但是土地在中国为国家或者集体所有，个人只拥有使用权。换句话说，个人只能短时间占有和使用土地，最终还得将土地归还给国家。比如在城市里，居民住房下面的土地属于国家所有，居民只有70年使用该土地的权利。而在农村，农民耕种（如种粮、种菜、养花）的土地，也称耕地或承包地，属于（村）集体所有，农民也只有三十年的使用权，也称承包权，三十年之后也要还给集体，由集体重新分配。

总之，国家或集体具有土地的所有权，居民或农民只有土地的使用权（承包经营权）。但是这些法律规定在执行中也遇到许多问题。比如许多农民外出务工、经商以后，不再耕种承包地，而是将土地抛荒，这非常可惜。也有许多人将土地转让给其他人耕种，但是法律在这方面还没有明确统一的规定。由于农民的土地不能流转，不想种也只能抛荒，农民也就少了一个利用土地获取收益的机会。

因此为了提高农民收入，缩小城乡差异，《民法典》在传统农村土地集体所有权、农民承包权的基础上，又创设了农民对于土地的经营权。《民法典》第三百三十九条规定，土地承包经营权人可以自主决定依法采取出租、入股或者其他方式向他人流转土地经营权。这在法律理论上称为土地所有权、土地承包权、土地经营权“三权分置”。

根据法院对上述案件的判决，《民法典》这一条中的土地承包经营权分为两个方面，一是土地承包权，二是土地经营权。土地承包权是村民承包农村集体土地的权利。土地经营权是指村民经营农村集体土地的权利，该权利可以为承包方享有，承包人可以自己经营该土地，也可以流转给其他主体，甚至非本村的村民经营，转让的方式有出租、入股或者其他方式。

出租不难理解，要解释一下入股和其他转让方式。入股是指以土地作为股份，与他人成立公司，然后通过分红来获取利益。其他转让方式典型的代表是《土地承包法》第四十七条的规定，“承包方可以用承包地的土地经营权向金融机构融资担保，并向发包方备案。受让方通过流转取得的土地经营权，经承包方书面同意并向发包方备案，可以向金融机构融资担保”，也就是说农民可以用土地承包权去贷款。另外根据《民法典》第三百四十条的规定，“土地经营权人有权在合同约定的期限内占有农村土地，自主开展农业生产经营并取得收益。”

5. “典”亮美好生活

《民法典》第三百三十九条的规定，是助力乡村振兴，促进农民增收的重要方法。党中央国务院始终牵挂着农村的发展，思考着如何让农民享受国家发展的红利，农村土地“三权分置”改革，鼓励农村土地经营权在农民之间流转，很好地体现了这一点。未来我们还会有更多更好的法律和政策出台，适度放活宅基地和农民房屋使用权，允许城市居民到农村居住，到农村养老，到农村发展旅游，这方面的社会需求非常大，也能缓解城市人口稠密、交通拥堵、环境恶化的问题。可以预见在乡村振兴、共同富裕等政策的推动下，中国的农村发展之路会越走越宽。

案例十八　反对需要明确　否则视为默认

1. 基本案情[①]

乔某财与乔某辉为同胞兄弟。2019年至2021年乔某辉耕种了乔某财一家三口人的21.9亩承包田，但双方并未约定承包价格和承包期限。2019年乔某辉支付给乔某财20000元，作为三年的承包费，乔某财也未对承包费价格提出过异议。2021年，乔某财向乔某辉提出收回土地由自己耕种，并返还三年国家给土地的补贴款，之前三年的承包费按每年每亩400元的标准计算。乔某辉不同意，二人发生纠纷，诉至法院。

2. 判决结果

法院判决：2019年乔某辉支付给乔某财20000元承包费时，乔某财并未提出异议，是对21.9亩地三年承包费的同意和认可。所以乔某财无权要求乔

① 案件来源：黑龙江省克山县人民法院民事判决书（2022）黑0229民初276号乔某财、姜某某等合同、无因管理、不当得利纠纷一审民事判决书。

某辉之前三年按每年每亩400元的标准给付承包费。被告乔某辉耕种原告的土地时，没有约定土地补贴归被告，被告领取的原告方21.9亩地三年4029.6元补贴款，应返还给原告。被告要求继续耕种原告方的土地不合法。

3. 关联法条

《中华人民共和国民法典》

第三百四十条　土地经营权人有权在合同约定的期限内占有农村土地，自主开展农业生产经营并取得收益。

4. 法典微讲堂

本案争议的焦点在于：土地经营权转让在没有清楚约定转让价格和转让期限的情况下，转让价格和期限如何计算？

关于土地经营权转让期限约定不明的，我们可以根据《民法典》有关租赁的规定，因为经营权转让相当于经营权的出租或租赁。《民法典》第七百三十条规定："当事人对租赁期限没有约定或者约定不明确，依据本法第五百一十条的规定仍不能确定的，视为不定期租赁；当事人可以随时解除合同，但是应当在合理期限之前通知对方。"乔某财与乔某辉的土地经营权转让（出租）合同没有约定出租期限，那么该合同可以视为不定期租赁，原告乔某财可以随时解除合同，原告乔某财有权从乔某辉手中收回土地经营权。

而关于土地经营权转让（这里是出租）的价款不明确的，可以根据《民法典》第五百一十一条的规定来处理："当事人就有关合同内容约定不明确，依据前条规定仍不能确定的，适用下列规定：……（二）价款或者报酬不明确的，按照订立合同时履行地的市场价格履行；依法应当执行政府定价或者政府指导价的，依照规定履行。……"由此可见，乔某财与乔某辉应该按照订立合同时履行地的市场价格，来确定该土地经营权的转让（出租）价格，根据案件的描述，当地的市场价格都高于上述的400元，在450元、500元左右。

但是，该案还有一点特别之处，乔某辉在初次约定出租土地经营权时，就一次性给付乔某财 20000 元，而且乔某财一直没有提出过异议，从中可以看出乔某财是默认了这一价格的。根据《民法典》第一百四十条，“行为人可以明示或者默示作出意思表示。沉默只有在有法律规定、当事人约定或者符合当事人之间的交易习惯时，才可以视为意思表示。”二人虽然没有谈到出租的价格，但一方交付价款后，另一方没有提出反对，可以视为默认了这一价格。所以法院在判决中驳回了原告要求重新计算价款的请求。

至于土地补偿款的问题，也是双方没有约定的事项，可以根据《民法典》第五百一十条的规定来执行，“合同生效后，当事人就质量、价款或者报酬、履行地点等内容没有约定或者约定不明确的，可以协议补充；不能达成补充协议的，按照合同相关条款或者交易习惯确定。”根据这一规定，我们应该按照交易习惯来确定土地补偿款的归属。在交易习惯上，政府补贴的这笔钱是直接打到土地承包人，也就是原告的账户上的。所以在这个案件中，由于原被告没有谈好土地补偿款的归属，被告应该将土地补偿款归还原告。

5.“典”亮美好生活

《民法典》第三百四十条是土地承包人和土地经营权人之间的关系，双方应该按照合同约定占有、使用农村土地，开展农业生产经营，并取得收益，但是如果双方并没有明确约定出租的期限和费用，这种关系就难以确定下来。所以从上述案件我们可以得出两条启示：

第一，我们在做任何交易或者决定时都应该有风险意识，要未雨绸缪，事先规划好合同的具体条款，以预防未来可能发生的合同纠纷。所谓“先小人后君子”，一旦发现权利受损，就要立即主张，否则就会被当作默认该损失，放弃该利益。

第二，作为土地承包权人，应该加倍珍惜自己承包的农村土地，不能任意处置。因为农民不像城市居民，还缺乏基本养老、医疗和生活保障，农村的土地承包权就是国家给予农民的一项重要的社会福利，关键时候能够为农民提供基本保障。

案例十九　房子赠与子女　父母仍可居住

1. 基本案情[①]

2011年8月31日，丁某甲与谭某某在县民政局登记协议离婚，离婚协议约定：1. 夫妻共同所有的一套面积60余平方米的房屋赠与儿子丁某乙，房屋产权变更为丁某乙；2. 夫妻任何一方都不能擅自出售该套房屋；3. 离婚后，丁某甲对房屋享有居住的权利；4. 丁某乙由丁某甲抚养，直到丁某乙开始工作为止，费用由夫妻双方共同承担。离婚后，丁某甲为该房屋办理了权属转移登记手续，房屋的产权人变更为丁某乙。谭某某不允许丁某甲继续居住在该房屋内，丁某甲于是向法院起诉，要求法院承认其享有该房屋居住权，有权继续居住在房屋内。

---

① 案件来源：四川省米县人民法院民事判决书（2021）川0421民初617号丁某甲、丁某乙合同纠纷一审民事判决书，本案被选为四川省攀枝花市中级人民法院发布2021年度十大典型案例之一。

2. 判决结果

法院审理后指出，《民法典》第三百六十六条规定："居住权人有权按照合同约定，对他人的住宅享有占有、使用的用益物权，以满足生活居住的需要。"依据该条规定，合同相对人有权按照合同的约定，对他人的住宅享有居住的权利。本案中，原告丁某甲与谭某某在县民政局登记离婚时约定，夫妻共同财产房屋一套赠与其子丁某乙，但丁某甲对赠与房屋享有居住权，该约定符合法律规定，法院确认原告丁某甲对该房屋享有居住权。

3. 关联法条

《中华人民共和国民法典》

第三百六十六条　居住权人有权按照合同约定，对他人的住宅享有占有、使用的用益物权，以满足生活居住的需要。

4. 法典微讲堂

本案争议的焦点在于：丁某甲将房屋赠与儿子之后，他有没有权利继续居住在该房屋内？

按照《民法典》第三百六十六条的规定，人们为了满足生活居住的需要，可以给予其他公民占有、使用自己房屋的权利。也就是说即便该公民不是房屋的产权人，他也可以居住和使用该房屋，而且是免费的。以往人们要想在一个房屋里面居住，要么是房屋的所有人，要么是房屋的租赁人，要么是所有人的家人。《民法典》的创造性在于，当家庭关系结束后，比如离婚了，或者房屋所有人去世了，家庭成员仍然能够居住在房屋里面。具体有几种情况：

第一，以房养老的情形。比如有的老人没有收入，但拥有房产，他可以通过"以房养老"的方式，将房产转让给金融机构，以获取一笔养老的资金，但老人还可以继续居住在房屋里面，直到去世为止。这时候老人对于房屋的权利就是居住权。这既解决了养老资金的问题，又不会让老人无家可归。

第二，赡养老人的情形。比如房屋所有人过世了，房屋也给孩子继承了，但是老人在世的时候，受到保姆无微不至的照顾，所以老人在世时，可以约定，自己去世后，保姆可以继续在房屋里面居住，直至终老。这也是一种居住权的设定方式。

第三，保护弱势群体的情形。比如早在《民法典》颁布前，《婚姻法解释（一）》第二十七条第三款就规定："离婚时，一方以个人财产中的住房对生活困难者进行帮助的形式，可以是房屋的居住权或者房屋的所有权。"这意思是说，没有住房的离婚一方，可以继续在房屋里面居住。《民法典》生效后，离婚后的弱势方可以借居住权制度，继续居住在房屋之内，实现"住有所居"。之前男女结婚的时候，经常因为婚前房产要不要加名的问题，引起许多家庭矛盾。如今居住权的存在，提供了新的解决方案，给另一方居住权，而不用让出所有权。

本案的情况也是一样。案件中夫妻双方离婚后，约定房屋归孩子所有，但是丈夫也可以继续在房屋里面居住，这种约定是符合《民法典》的，是居住权的一种表现形式，妻子不能拒绝丈夫继续居住。

5."典"亮美好生活

在《民法典》第三百三十六条中，我们能看到国家希望人们住有所居。住有所居一方面是让每个人能买得起房子；另一方面，即便没有住房，也可以通过租赁，或者本案所讲的行使居住权来实现。关于居住权的规定还弘扬了家庭美德。家庭成员之间应该相互照顾，共渡难关。如果有的家庭成员需要照顾，特别是老人或者弱势群体没有地方居住，即便不将房屋交给他们继承，我们也可以在房屋上为他们设定居住权，以保证他们住有所居。

有一点要注意的是，我们在购房的时候，也要去查看房子有没有设定居住权。虽然在房屋上设定居住权并不影响房屋的继承和转让，但居住权设定以后，购房人一时半会不能住进去。只有等居住权人不再居住，房子才能真正完成交付。

案例二十　居住权无偿设立　权利人有权登记

1. 基本案情[①]

邱某与董某1于2006年登记结婚，双方均系再婚，婚后未生育子女，董某2系董某1之弟。董某1于2016年3月去世，生前写下遗嘱，其内容为：“我名下位于洪山区珞狮路某房遗赠给我弟弟董某2，我丈夫邱某在没再婚前拥有居住权，此房是我毕生心血，不许分割、不许转让、不许卖出……”

董某1离世后，邱某一直居住在该房屋内。2021年初，邱某发现所住房屋被董某2挂在某房产中介出售，其担心房屋出售后自己被赶出家门，遂向法院申请居住权强制执行。

2. 判决结果

法院认为，案涉房屋虽为董某2所有，但是董某1通过遗嘱方式使得邱

① 案件来源：（2021）鄂0111执1164号邱某与董某居住权执行案民事判决书，本案被选为最高人民法院发布人民法院贯彻实施民法典典型案例三。

某享有案涉房屋的居住权。执行法院遂依照《民法典》第三百六十八条关于居住权的规定，裁定将董某2所有的案涉房屋的居住权登记在邱某名下。

3. 关联法条

《中华人民共和国民法典》

第三百六十八条　居住权无偿设立，但是当事人另有约定的除外。设立居住权的，应当向登记机构申请居住权登记。居住权自登记时设立。

4. 法典微讲堂

本案争议的焦点在于：享有居住权的人员，如何通过法律保护自己？

关于这个问题，我们要从上述《民法典》第三百六十八条的规定中找答案，这一条有三个意思：

第一，居住权是无偿设立的，也就是说居住权人获得居住权是免费的。或许有人会问，为什么无偿取得的居住权，还能够对抗房屋所有权人呢？这其实是房屋所有权人将房子的所有权做了切割，当他把房屋的所有权交付给某一个人的时候，他从中又切割了一小部分权利，也即房屋的居住权，给予另一个人。这么做其实是同时照顾了两个人，特别是照顾了无房可住的居住权人。

虽然今天的中国，每一年建造出来的房子的面积，要达到几亿平方米，中国人均住房面积已经逐年升高，但是社会上还是有人没有房子住，所以《民法典》有关居住权的规定，是对这部分无房可住的人的保障。

第二，设立居住权，应该向房屋登记机构申请登记，居住权自登记之日起设立。换句话说居住权只有登记才具有法律效力，否则不能对抗第三人。第三人如果购买了该房屋，而该房屋的居住权又没有登记，那么第三人仍然可以居住该房屋。居住权的登记是要让购房人知道，该房屋设定了居住权，居住权人可能会一直居住到老，如果他坚持要购买该房屋，他就要承担不能立即住进去的风险。基于这一条，在本案中，邱某要想对该房屋享有居住权，就必须向房屋登记部门进行居住权登记，否则这项居住权就可能面临丧失的危险。

第三，反过来说，如果房屋所有人只是在遗嘱或者其他协议中规定，某某人对该房屋具有居住权，却没有向房屋登记机关登记，那么居住权人是不是任何权利都没有呢？当然不是。至少他有权要求房屋所有权人配合其进行居住权登记。所以在本案中，邱某发现房屋所有权人想要销售房屋时，立即向法院起诉，这说明他很有警觉性，正确的方法是向房屋登记部门登记该居住权。

此外，在本案中，如果邱某并未能发现房屋所有权人董某 2 销售房屋的事实，而该房屋真的被销售给第三人，第三人也会因为不知情而获得了该房屋完整的权利，邱某也只能搬出房屋。但此时他仍然可以要求董某 2 对其失去居住权的损失做出补偿，在这种情况下邱某无偿取得的居住权就需要用金钱来计算了。因此虽然说邱某的居住权是“无偿”取得的，但当这种居住权被剥夺时，它就不能说是“无偿”的了。

5.“典”亮美好生活

《民法典》第三百六十八条的规定其实明确了两点，一是居住权的免费获取。这一点使得居住权和租赁权不同，租赁权是有偿获取的，是需要支付租金的。二是居住权需要登记，不登记的不能对抗第三人。如果房子所有人将房子卖掉，买房人不知道该房屋设定了居住权，他是不受居住权的限制的。关于居住权必须登记的规定给我们很多启发，我们要尽可能清楚界定自己的权利义务，这既能很好地保护自己的权利，也能很好地促进社会的效率。因为规定得清清楚楚，人们就不会错判和误判，也能避免无谓的纠纷。

此外，居住权对于个人来说，也是一种提升幸福感和获得感的重要方式。一方面人们在世时，可以通过自己的能力，保障家人的幸福。另一方面人们离世后，也能通过财产的分割让自己亲爱的人生活上有所保障。居住权让人们对自己和家人的生活有了掌控感，让人们懂得每一分努力都会产生积极的效果。它增强了人们的上进心，减少了人们的“躺平”冲动。

案例二十一 居住权无偿设立 权利人有权登记

1. 基本案情[①]

蒋某曾有一套住房，2017 年蒋某写下遗嘱，规定该房屋所有权归其长孙蒋某 3 所有，儿子蒋某 2 及其再婚妻子程某永久性居住，并搞好管理与维修，但不得出售。

2018 年蒋某儿子蒋某 2 因病去世，其妻程某继续在该房屋中居住，2019 年蒋某也去世，该房屋仅有程某一人居住。后程某去外省省亲，将该房屋出租给了袁某，约定租金 10000 元一年。

在签订租赁合同时，程某将租赁合同通过微信转发给蒋某的长孙蒋某 3，蒋某 3 未表示反对。房屋一共出租了两年，期间程某共计分配了 8500 元租金给蒋某 3。出租期满后，程某收回了该房屋，自己居住。

现蒋某 3 诉至法院，要求程某立

① 案件来源：湖南省岳阳市中级人民法院民事判决书（2021）湘 06 民终 3393 号蒋某 3、程某某返还原物纠纷二审民事判决书。

即返还产权属于自己的房屋。理由是其父亲死亡后，与程某同居关系终止，其居住权也应同时灭失，且程某还另有其他住房。

2. 判决结果

法院认为，根据蒋某的遗嘱，程某对房屋享有居住权益，即使其丈夫死亡，程某的居住权也不应灭失，程某另有住房，与其享有居住权也并不矛盾。程某短暂出租住房的行为取得了蒋某3的默示认可，租金收益也已与蒋某3分享，蒋某3要求收回房屋，既有违诚信，也与法律相悖，不予支持。

3. 关联法条

《中华人民共和国民法典》

第三百六十九条　居住权不得转让、继承。设立居住权的住宅不得出租，但是当事人另有约定的除外。

4. 法典微讲堂

本案争议的焦点在于：设定居住权的房屋，居住权人能否出租？居住权人到底有什么权利？什么条件下房屋所有人可以收回房屋？对于该问题，普通人可能认为，居住权人可以居住，当然也可以自己不住，而出租给别人了。但是《民法典》第三百六十九条的规定却不是这样的，“设立居住权的住宅不得出租”。那么原因是什么呢？

这一点我们还是要从居住权的目的说起。居住权是房屋所有人，为住房困难的人，解决住有所居问题的法律制度，其目的不是要赋予居住权人以房屋的所有权。因此，该房屋的出租权，仍然归属于房屋所有人，居住权人不得出租。

从这一点也可以看出，居住权是最大限度地扩大房屋使用价值的一项制度，它既不给居住权人以所有权，又给他们一种居住权，他们可以居住在这里，而不至于流离失所。这可以解决居住人和所有人的矛盾，让双方都能从中受益，不至于发生矛盾。可见居住权是一项很好的制度。

但是在该案件中，为什么法院还是判决权利人败诉呢？原因就是房屋所有人发现房屋出租时，没有提出反对，还接受了一年10000元的房租。请注意，没有提出反对，就表示赞同或同意，在法律上称为默示同意，与之相对的是明示同意。

既然房屋所有人同意房屋出租，并收取费用，就符合《民法典》第三百六十九条的“当事人另有约定”，另有约定就可以出租。所以居住权人并没有违反法律，也就不应该承担法律责任。

5.“典”亮美好生活

《民法典》第三百六十九条规定了居住权人的权利内容。从这一条可以看出，居住权是有条件的，它只是房屋所有权的一个方面。房屋所有权人对于该房屋具有完整的权利，可以转卖、继承、使用和出租。当然房屋在设定居住权的情况下，不能出租。而居住权人的权利则只限于居住，它是不完整的。

另一个问题是关于同意。法律上的许多责任可以通过对方同意而被免除的，因此同意具有非常重要的价值。比如我想把你的微信推送给他人，我问你，你同意，那么我把你的微信推给他人的行为，就不是一种泄露隐私的行为。

最后一点是关于同意的表达。很多时候同意是明确表达的，但是也有时候，也可以通过默示来表达，也就是不明确表示反对就被视为同意。比如租房子，房客住在里面不走，房主也不去要求他们走，那就表示同意。房主同意了，房客不负违法占用房屋的责任。

案例二十二 居住权人死亡 居住权即消灭

1. 基本案情①

徐某是某单位的职工，单位分了一套职工宿舍给徐某居住，徐某对该房屋享有居住权。2001年徐某与薛某签订《房屋使用权转让协议》，约定徐某将该宿舍的居住权转让给薛某，房价款11500元，房产证上的房主姓名不作改变；薛某不能将此房产证作抵押、转让。薛某付给徐某房款后，薛某对该住房享有永久居住权，但未经徐某同意，不能再将房屋转让或转租他人；如果校方因需要或其他难以预料的原因拆除该房，对该房所给予的补偿，由徐某协助转给薛某享有。2012年薛某因病过世，房屋由薛某丈夫阮某1和女儿阮某2居住。徐某要求阮某1和阮某2归还房屋，二人不同意，认为自己是薛某的法定继承人，有权继承该房屋。

① 案件来源：贵州省安顺市中级人民法院民事判决书（2021）黔04民终1061号阮某1、阮某2等房屋买卖合同纠纷二审民事判决书。

徐某向法院起诉，要求阮某 1 和阮某 2 归还房屋。

2. 判决结果

法院认为，薛某已经死亡，其丈夫和女儿告虽为继承人，但并不当然取得该房屋的居住权。因为根据《中华人民共和国民法典》第三百七十条规定，居住权期限届满或者居住权人死亡的，居住权消灭。居住权消灭的，应当及时办理注销登记。居住权依附于人身，不得继承。居住权人一旦死亡，则不论居住期限是否届满，居住权即告消灭。薛某死亡后，阮某 1 和阮某 2 虽为薛某的法定继承人，也不当然取得该房屋的居住权。

3. 关联法条

《中华人民共和国民法典》

第三百七十条　居住权期限届满或者居住权人死亡的，居住权消灭。居住权消灭的，应当及时办理注销登记。

4. 法典微讲堂

本案争议的焦点在于：徐某将房屋居住权转让给薛某，薛某死亡后，其继承人能否继承该房屋的居住权？这个问题可以分三个方面来解答。

第一，徐某对该房屋的权利，不是所有权，只是居住权，房屋的所有权人是该单位，徐某不能买卖该房屋。这是居住权的性质决定的，也是《民法典》第三百六十九条（居住权不得转让、继承）规定的。

因此徐某事实上也不该将该房屋转让给薛某，这种行为也是不合法的。这就相当于我是某单位一名员工，单位交给我一台笔记本电脑，作为办公用品，按道理我不应该将该电脑交给他人使用，即便我不再需要该电脑，也应该归还给单位。

总之本案的房屋居住权被当做所有权进行转让，按照《民法典》该转让行为是无效的。

第二，徐某违反法律规定，将房屋使用权转让给薛某。双方合同约定，“薛某对该住房享有永久居住权，但未经徐某同意，不能再将房屋转让或转租他人。”这说明薛某对该房屋的权利是永久的，也就是说，该房屋只要存续，薛某就应该享有使用权，从而薛某的子女就应该对该房屋继续享有居住权。

加上双方合同还规定，“校方因需要或其他难以预料的原因拆除到该房时，对该房所给予的补偿，由徐某协助转给薛某享有。”这意思是单位如果拆除该房屋，或者收回该房屋，补偿金也归薛某所有。这就进一步确定了薛某买断了该房屋的使用权，即便她过世，其子女也应该继续对该房屋享有居住权。

第三，徐某违法转让房屋居住权，导致合同无效，徐某的继承人无法继续居住该房屋，徐某应向薛某或其继承人赔偿损失，包括薛某多付的款项等，这样做才符合公平原则。

5.“典”亮美好生活

《民法典》居住权条款是将房屋的所有权和居住权分离，以达到最大限度的协调个人所有权和居民住有所居之间的矛盾。这是国家在房产私人所有的约束条件下设法保障居民住宅所做的努力。《民法典》这种解决问题的方法值得个人学习。

这种方法就是在既有的约束条件下，想方设法挖掘潜力，努力达成既定目标。就像现代人工作繁忙，没时间读书，怎么办呢？有人就利用上下班通勤时间，用手机 App 阅读书籍、学习英语、观看课程。同样的通勤时间，有的人刷手机消费掉了，有的人却能将其利用起来，达到学习和工作的目的。

立法者每时每刻都在做这样的创新，以同一套房屋解决更多的需求，我们个人也应该多多思考，在不同的方案之间进行选择，多一些创意择优。

三

合同

便利流转　规范交易规则

案例二十三 涉及重大利益 格式条款应显著提示

1. 基本案情[1]

邬某通过A公司经营的某旅游App预定境外客房，支付方式为“到店支付”，但下单后房款即被从银行卡被扣除，后原告未入住。邬某认为应当到店后付款，A公司违约，要求取消订单。但A公司认为其已经在服务条款的“到店支付”后补充说明：“部分酒店住宿可能会对您的银行卡预先收取全额预订费用”，自己不构成违约，拒绝退款。邬某将A公司诉至法院，请求判令退还预扣的房款。

2. 判决结果

法院经审理认为，对“到店支付”的通常理解应为用户到酒店办理住宿时才会支付款项，未入住之前不需要支付。即使该条款后补充说明部分酒

① 案件来源：2023年最高人民法院发布消费者权益保护典型案例：案例六邬某诉某旅游App经营公司网络服务合同纠纷案。

店会“预先收取全额预订费用”，但对这种例外情形应当进行特别提示和说明，如果只在内容复杂繁多的条款中规定，不足以起到提示的作用，A公司作为预订服务的提供者应当承担责任，因此法院支持邬某退还房款的诉讼请求。

3. 关联法条

《中华人民共和国民法典》

第四百九十六条　格式条款是当事人为了重复使用而预先拟定，并在订立合同时未与对方协商的条款。

采用格式条款订立合同的，提供格式条款的一方应当遵循公平原则确定当事人之间的权利和义务，并采取合理的方式提示对方注意免除或者减轻其责任等与对方有重大利害关系的条款，按照对方的要求，对该条款予以说明。提供格式条款的一方未履行提示或者说明义务，致使对方没有注意或者理解与其有重大利害关系的条款的，对方可以主张该条款不成为合同的内容。

4. 法典微讲堂

本案争议的焦点在于：如何理解“到店支付”以及A公司对其的补充说明能否成为合同内容。民事合同的订立，遵循自由自愿、平等协商的基本原则。但在某些情况下，为了满足经济生活的快速便捷、高效的需要，企业会在未与对方当事人协商的前提下，预先拟定可以重复使用的合同条款，对方当事人只能表示同意或不同意，这样的合同条款，我们称之为“格式条款”。格式条款预先拟定且内容固定，合同接受方失去了讨价还价的机会，容易产生利益受损的情况，因此《民法典》第四百九十六条第二款规定，提供格式条款的一方应当遵循公平原则确定当事人之间的权利和义务，并采取合理的方式提示对方注意免除或者减轻其责任等与对方有重大利害关系的条款，按照对方的要求，对该条款予以说明。

本案中A公司与邬某通过旅游App采用格式条款的方式订立合同，A公司作为订立方，有义务采取合理的方式提示邬某注意与其有重大利害关系的条款。邬某在订立合同时，对“到店支付”的理解符合一般大众的正常理解，即到酒店办理住宿时支付款项，未入住之前不需要支付。而A公司在对“到店支付”进行了补充说明，即“部分酒店会预先收取全额预订费用”。对于这种与消费者重大利益相关的例外情形，A公司仅在若干内容复杂的条款中规定，并未予以特别提示和显著说明，进而导致邬某没有注意或者理解该条款，邬某可以主张该条款不成为合同的内容。邬某并未入住该酒店，无须支付房费，A公司作为预订服务的提供者应当承担责任，退还邬某房款。

5.“典”亮美好生活

随着格式条款在社会交易中的广泛运用，大家对它已经不再陌生，在购买保险合同、银行储蓄或者贷款、乘坐公共交通、购买商品房甚至网络购物中，都会遇到格式条款。格式条款具备重复使用，预先拟定，不与对方协商这三个基本特征，这就决定了它既有便捷、高效的积极作用，但经营者也容易利用优势订约身份，不公平地确定各方权利义务，订立“霸王条款“，违背契约自由和公平。“本商场有活动最终解释权”“赠品质量问题概不负责”“酒店停车场免费，丢失概不负责”，为了让这一类的格式条款不再侵犯消费者的权利，维护社会交易秩序，平衡双方利益，《民法典》明确了格式条款提供方进行提示说明的义务，并将该义务范围扩大到“与对方有重大利害关系的条款”，同时规定了未履行该义务的法律后果。

在日常交易中，如果采用格式条款来订立合同，那么对于排除或减轻提供方责任，增加接受方义务、限制或排除接受方主要权利等涉及重大利害关系的条款，提供格式条款的一方的提示说明必须达到引起对方注意的程度，可用黑体、加粗、划线等文字、符号、字体进行特别标识，同时对相关内容应当“以常人能够理解的方式”予以说明。如果在网络交易中，经营者采用格式条款来与消费者订立合同的，其应当以显著方式提请消费者注意商品或者服务的数量和质量、价款或者费用、履行期限和方式、安全注意事项和风险警示、售后服务、民事责任等与消费者有重大利害关系的内容，并按照消费者的要求予以说明。如果经营者没有能够以显著方式进行提示说明，那么消费者可以此为理由，来主张认定该格式条款不成立，且无须按照该条款内容来履约。

《民法典》从公平原则以及保护弱者的角度出发，厘清了格式条款提供方的责任。只有公平合理地使用格式条款，实现对格式条款兴利抑弊的目的，才能引导合同交易更加符合自由和正义的契约精神，进而保护相对人的利益，提高合同的履行率，保证交易安全，顺利实现双方当事人的经济利益。

案例二十四　保险条款有争议　解释有利于被保险人

1. 基本案情[①]

2013 年 8 月 17 日，朱某与 R 保险公司签订保险合同，投保人、被保险人均为朱某。合同约定重大疾病保险理赔范围包括良性脑肿瘤，但将脑垂体瘤、脑囊肿、脑血管性疾病排除在保障范围内。2018 年 9 月 14 日，朱某因出现头痛、额颞部胀痛，被送往医院住院治疗，诊断为：左侧前交通动脉瘤、蛛网膜下腔出血、高血压病。急诊取左额颞弧形切口入路行动脉瘤夹闭术进行手术抢救，10 月 8 日出院。2019 年 1 月 4 日再次入院，进行颅骨修补术，对颅骨缺损进行修补，1 月 18 日出院。两次住院花费医疗费用 19 万余元。朱某出院后，向 R 保险公司申请理赔。保险公司认为朱某所患的“左侧前交通动脉瘤”不属于四十种重大疾病中

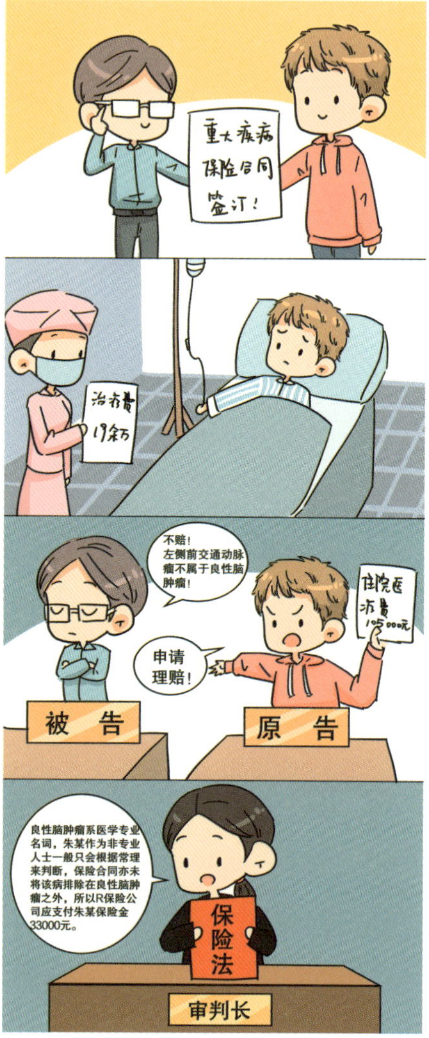

① 案件来源：安徽省歙县人民法院（2019）皖 1021 民初 1083 号朱某某与某保险股份有限公司歙县支公司健康保险合同纠纷一审民事判决书。

的良性脑肿瘤，而属于在保障范围之外的脑囊肿，拒绝赔付。朱某遂诉至法院，请求 R 保险公司赔付住院医疗费 105000 元。

2. 判决结果

法院经审理认为，关于左侧前交通动脉瘤是否属于良性脑肿瘤的范畴，原被告的理解产生分歧。原告认为其所患的左侧前交通动脉瘤属于脑动脉瘤，属脑肿瘤，而被告认为原告所患的左侧前交通动脉瘤属于脑囊肿，不属于良性脑肿瘤。根据《中华人民共和国保险法》第三十条：“采用保险人提供的格式条款订立的保险合同，保险人与投保人、被保险人或者受益人对合同条款有争议的，应当按照通常理解予以解释。对合同条款有两种以上解释的，人民法院或者仲裁机构应当作出有利于被保险人和受益人的解释。”良性脑肿瘤作为一个不确定概念，由于其内涵和外延都不易确定，在保险条款中通常采用列举方式进行解释；重大疾病险条款只将脑垂体瘤、脑囊肿、脑血管性疾病排除在良性脑肿瘤之外，并未将前交通动脉瘤排除在良性脑肿瘤之外；且原告作为非医学专业人士一般只会根据常理来判断。故确认原告所患左侧前交通动脉瘤属于保险责任理赔范围内。被告应依据保险条款保险责任的约定，按保险金额的 300% 给付重大疾病保险金，该份保险金额为 11000 元，故被告应支付原告重大疾病保险金 33000 元。另据住院费用补偿险约定，应给付医疗保险金 5000 元，共计 38000 元。

3. 关联法条

《中华人民共和国民法典》

第四百九十八条　对格式条款的理解发生争议的，应当按照通常理解予以解释。对格式条款有两种以上解释的，应当作出不利于提供格式条款一方的解释。格式条款和非格式条款不一致的，应当采用非格式条款。

4. 法典微讲堂

本案争议的焦点在于：对于原告朱某所患的左侧前交通动脉瘤是否构成保险合同中约定重大疾病中的良性脑肿瘤，双方的理解产生了分歧。朱某与R保险公司双方签订的保险合同，其中包括提前给付重大疾病保险（以下简称重大疾病险）。该重大疾病险条款第五条将重大疾病定义为：被保险人发生符合以下定义所述条件的疾病、疾病状态或手术，共计四十种，其中第九种为良性脑肿瘤。

保险合同是典型的格式合同，合同的主要条款是由保险公司预先拟定，针对不同的被保险人可以反复适用，投保人只能选择接受或不接受。因此在保险实务中，特别是被保险人进行索赔时，容易发生合同双方对保险条款的理解存在争议的情形。在本案中，原告认为其所患的左侧前交通动脉瘤属于脑动脉瘤，属脑肿瘤；而被告认为原告所患的左侧前交通动脉瘤属于脑囊肿，不属于良性脑肿瘤。因此，如何对保险合同种的格式条款进行解释问题，保护被保险人的利益，是至关重要的。

根据《民法典》第四百九十八条以及《保险法》第三十条的规定，我们可以得出三项解释保险条款的基本原则：一是通常解释，二是不利解释，三是非格式条款优先。当被保险人与保险公司对保险条款的文字内容理解不一致，应当遵循公平和诚实信用原则，首先按照通常意义进行理解，可以结合上下文的语境、逻辑关系、交易惯例等；如果该保险条款的含义不清或界限不明，产生了多种解释，则应当作出不利于保险公司的解释；如果保险合同中针对相关内容还有非格式条款，则优先采纳非格式条款的内容。

本案对于“良性脑肿瘤”，R保险公司的重大疾病保险条款中做出了如下定义：指脑的良性肿瘤，已经引起颅内压增高，临床表现为视神经乳头水肿、精神症状癫痫及运动感觉障碍等，并危及生命。对于这样一个不确定的概念，并未明确其内涵和外延，也未用列举方式进行解释，只将脑垂体瘤、脑囊肿、脑血管性疾病排除在良性脑肿瘤之外，也没有将前交通动脉瘤排除在良性脑肿瘤之外。因此法院作出了有利于被保险人朱某的解释，确认其所患左侧前交通动脉瘤属于保险责任理赔范围内。

5.“典”亮美好生活

格式合同的出现大大简化了交易过程，节约成本，提高效率，但它也犹如一把双刃剑，排除了合同双方协商的可能性，一定程度上限制了相对人的合同自由，合同一方借此来排除自身责任，加重对方责任，这与民法的自由、平等、公平、诚信等基本原则背道而驰，因此《民法典》对其进行了必要的法律规制，矫正格式合同中的不平等关系，保护弱者正当权益，保障交易公平，维护交易秩序。《民法典》第四百九十八条对格式条款采取的不利解释原则，正是如此。

保险合同是投保人与保险公司约定保险权利义务关系的协议，一般都是以格式条款的方式进行约定，它直接关系投保人和保险人的受益多少及能获得保障的程度。因此，日常生活中，我们为自己或家人买保险，在签订合同时，作为投保人，我们一定要认真阅读和准确理解保险条款中的每一项约定，特别要重点关注投保范围、基本保险金额、保险期间、保险责任及责任免除、保险费的缴纳与宽限期、增值服务等等，了解保险条款中涉及的专业术语。特别需要注意的一点是，如果保险顾问对某些内容的介绍与合同中所列明的条款不一致的时候，一定以书面保险条款为准，进而明确自己的权利和义务。

案例二十五　网购商品途中损坏　商家责任不可推卸

1. 基本案情[①]

2022年4月29日开始，邹某与A县某工艺品网点经营者温某，就订购宗祠牌匾事宜，通过微信进行联系沟通。2022年5月5日，邹某在该网点定做长1.96米、宽0.68米、厚0.05米的牌匾一个，共计2800元。邹某于5月5日、5月9日将货款2800元通过支付宝转账支付至该网点指定账户。双方约定由该工艺品网点将牌匾包邮至物流点，邹某到物流点自提。5月9日，该牌匾由某物流公司托运。5月19日，邹某到物流点提货，验货时发现货物破裂。邹某要求温某退还货款，温某认为自己发货时牌匾没有破损，拒绝退款，双方诉至法院。

① 案情来源：福建省连城县人民法院（2022）闽0825民初1994号邹某、某工艺品网点买卖合同纠纷一审民事判决书。

2. 判决结果

法院经审理认为：第一，邹某与该工艺品网点经营者温某以微信方式对于特定牌匾事宜达成一致协议，属通过互联网信息网络订立的电子合同，标的为交付商品并采用快递物流方式交付，收货人的签收时间依法为交付时间。货物毁损、灭失的风险，在货物交付之前依法由出卖人承担，交付之后依法由买受人承担。牌匾在物流运输期间破裂损害责任依法由该工艺品网点承担，承担责任后可依法追偿。第二，货物质量不符合约定，依法应当按当事人约定承担违约责任，对违约责任没有约定或约定不明确，买受方可据货物性质以及损失的大小，合理选择请求对方承担修理、重作、更换、退货、减少价款或报酬等违约责任。宗祠牌匾有其特殊性，邹某对牌匾破裂不能容忍，要求退货，可谓合理，符合法律规定。综上，邹某主张退货，要求该工艺品网点退还款项 2800 元，具有事实和法律依据，依法予以支持。依照《中华人民共和国民法典》第五百一十二条第一款、第五百八十二条、第六百零四条、第九百九十六条，法释（2022）11 号《最高人民法院关于适用〈中华人民共和国民事诉讼法〉的解释》第九十条规定，判决该工艺品网点应于判决生效之日起十日内退还邹某货款 2800 元。

3. 关联法条

《中华人民共和国民法典》

第五百一十二条　通过互联网等信息网络订立的电子合同的标的为交付商品并采用快递物流方式交付的，收货人的签收时间为交付时间。电子合同的标的为提供服务的，生成的电子凭证或者实物凭证中载明的时间为提供服务时间；前述凭证没有载明时间或者载明时间与实际提供服务时间不一致的，以实际提供服务的时间为准。

电子合同的标的物为采用在线传输方式交付的，合同标的物进入对方当事人指定的特定系统且能够检索识别的时间为交付时间。

电子合同当事人对交付商品或者提供服务的方式、时间另有约定的，按照其约定。

第五百八十二条　履行不符合约定的，应当按照当事人的约定承担违约责任。对违约责任没有约定或者约定不明确，依据本法第五百一十条的规定仍不能确定的，受损害方根据标的的性质以及损失的大小，可以合理选择请求对方承担修理、重作、更换、退货、减少价款或者报酬等违约责任。

第六百零四条　标的物毁损、灭失的风险，在标的物交付之前由出卖人承担，交付之后由买受人承担，但是法律另有规定或者当事人另有约定的除外。

4. 法典微讲堂

本案争议的焦点主要在于：牌匾在物流期间发生损害，赔偿责任应当由谁承担的问题。本案当事人邹某与该工艺品网点经营者温某通过微信沟通牌匾的定做，在邹某用支付宝支付货款后，温某通过快递物流将该牌匾运送到邹某所在提货点，这种交易方式就是我们老百姓熟知的“网络购物”，民法上称之为“通过互联网等信息网络订立的电子合同”。

根据《民法典》第六百零四条的规定，标的物毁损、灭失的风险，在标的物交付之前由出卖人承担，交付之后由买受人承担，但是法律另有规定或者当事人另有约定的除外。可见，我国《民法典》对于合同的风险转移，采用的是交付主义原则，因此货物是否完成交付就成为判断风险转移的关键。如果交易的货物，已经由卖方交付给买方，该货物损坏的责任就由买方自己承担。那么，邹某网购的这个牌匾，是什么时候完成交付的呢？根据《民法典》第五百一十二条的规定，通过互联网等信息网络订立的电子合同的标的为交付商品并采用快递物流方式交付的，收货人的签收时间为交付时间。本案中温某通过快递的方式，将牌匾发货，此时并未完成交付，只有邹某完成签收后，才完成交付。而邹某在提货验收的过程中，发现牌匾遭到损坏，此时牌匾还未交付，风险还由卖家承担，因此即使发货时货物是完好的，温某也应当承担责任。

本案中，温某没有按照约定履行义务，需要承担违约责任。根据《民法典》第五百八十二条规定，受损害方可以合理选择请求对方承担修理、重作、更换、退货、减少价款或者报酬等违约责任。该牌匾对于邹某有特殊的意义，其损坏后邹某内心无法接受，因此选择请求对方承担退货的违约责任，也是于法有据的。

5.“典“亮美好生活

网上购物带来方便快捷的同时，也带来了日益突出的网络纠纷。消费者在收货时，如果发现运输途中造成了货物的损坏，想要索赔，经常会遭到快递公司和卖方的互相推诿。因此，大家在享受网购便捷的同时，也要学会依法保护自己的权益，签收之前一定要第一时间验货，查验包裹里的商品是否完好无损，如果出现损坏，第一时间保留证据，与商家协商解决方法。作为经营者，当自己发出的货物在运输途中发生损害，要及时向消费者承担责任，而不能将皮球踢给物流公司。当然，在向消费者承担责任后，经营者可以依据其和物流公司之间的合同，向物流公司进行追偿。买卖双方的友好协商，经营者的勇于担责，才能够让我们拥有一个更加安全、便捷、健康的网络消费环境。

案例二十六 “假一罚万”能否获赔 畸高违约金应予调整

1. 基本案情[①]

周某在某机场航站楼领取一份免费“手绘地图”，该地图上印刷了甲公司销售的茶叶名称、图片及价格，并宣称“假一罚万”。周某向甲公司汇款1680元，购买“云香特级大红袍茶叶”60盒，每盒单价为28元。收货后，周某委托相关鉴定机构进行鉴定，发现其购买的大红袍茶叶不仅稀土含量不合格，感官品质也不符合武夷岩茶大红袍一级要求，因此认为所购茶叶质量不合格，并非甲公司所承诺的“正品”、非“假”产品。周某要求甲公司按其承诺的“假一罚万”进行赔偿，退还货款1680元，并赔偿16800000元。而甲公司认为一万倍违约金的约定过高，应当适当降低。双方产生纠纷诉至法院。

① 案件来源：江苏省高级人民法院（2018）苏民终54号周某与厦门某电子商务有限公司网络购物合同纠纷二审民事判决书。

2. 判决结果

法院经审理认为，涉案大红袍茶叶不仅稀土含量不合格，感官品质也不符合武夷岩茶大红袍一级要求，低于外包装上标注的等级，更低于内包装上标注的等级，因此认定涉案大红袍茶叶质量不合格，并非甲所承诺的“正品”、非“假”产品。“假一罚万”是双方对违约责任的约定，“罚万”是双方对违约金计算方法的明确约定。虽然契约必须遵守是合同法的基本原则，但合同自由不是绝对的，合同自由需要合同正义予以规制，违约金的数额不能完全放任和留待当事人自由约定，在约定违约金过高或过低的情况下，一方当事人请求调整的，法院应予适当调整，以维护民法的公平原则。本案中，甲公司承诺“假一罚万”，显然过高，甲请求法院予以调整，法院应予调整。考虑到案涉大红袍茶叶属于不安全食品，故对违约金的调整，应依照《中华人民共和国食品安全法》第一百四十八条的规定，将违约金调整为商品价款的十倍。周某虽汇款 1680 元，但涉案大红袍茶叶实际价款为 1662 元，故法院支持违约金 16620 元。最终判决如下：一、周某于判决生效之日起十五日内退还甲公司云香特级大红袍茶叶 50 盒，甲公司在收到退货后五日内退还周某货款 1680 元（如果周某退货缺少，则甲公司有权按每盒 27.70 元相应减少应退货款）。二、甲公司于判决生效之日起十五日内支付周某赔偿款 16620 元。

3. 关联法条

《中华人民共和国民法典》

第五百八十五条　当事人可以约定一方违约时应当根据违约情况向对方支付一定数额的违约金，也可以约定因违约产生的损失赔偿额的计算方法。

约定的违约金低于造成的损失的，人民法院或者仲裁机构可以根据当事人的请求予以增加；约定的违约金过分高于造成的损失的，人民法院或者仲裁机构可以根据当事人的请求予以适当减少。

当事人就迟延履行约定违约金的，违约方支付违约金后，还应当履行债务。

4. 法典微讲堂

本案争议的焦点在于对“假一罚万”的违约金是否应予调整以及如何调整。

违约金是合同当事人在不履行合同约定的义务时，以支付一定数额的金钱作为承担民事责任的方式。双方当事人可以在订立合同时约定具体数额的违约金，也可以约定违约金的计算方法。合同自由是民法典的基本原则，遵守契约是合同当事人应尽的义务，因此按照合同约定履行义务，未履行合同义务则按约定来支付违约金，本身就是合同双方当事人都应当遵循的契约精神。

强调订约自由和诚实信用的同时，也需要实现合同正义和维持交易秩序。合同当事人可以协商确定违约金数额的多少或计算方法，但并非“漫天开价”，违约金需要以违约造成的损失为基础，不能过分高于或过分低于损失。根据《民法典》第五百八十五条的规定，当出现过高或过低的违约金约定时，根据当事人的申请，人民法院或仲裁机构可以进行酌减或酌增。由此可见，违约金主要表现为一种“补偿性”责任。合同订立的目的是实现双赢，如果出现一方违约的情形，我们也应当以对方的具体损失为参照标准，损失多少，承担多少赔偿责任。本案中，甲公司在地图广告里承诺“假一罚万”，以商品价格的一万倍作为对方损失的补偿，显然过高。在此种情况下，甲公司请求调整，法院则应进行调整，以维护民法的公平正义。

在审判实践中，如何调整过高的违约金呢？一般而言，当事人约定的违约金超过造成损失的30%的，一般认定为“过分高于造成的损失”，但对此并不机械适用，避免导致实质上的不公平。因此，法院一般综合考虑守约方的实际损失、合同的履行情况、当事人的主观过错、主体身份以及预期利益等综合因素，根据公平原则和诚实信用原则予以衡量调整违约金。

本案中，甲公司通过广告的形式向社会公众作出“假一罚万”的公开承诺，而该大红袍茶叶作为食用农产品，其质量需要进行严格规制，因此如果仅按照“超过造成损失的30%”来调整违约金，对甲企业的行为不足以起到惩戒作用，也不符合公平和诚实信用原则。因此，法院根据《食品安全法》第一百四十八条第二款的“十倍赔偿”规定，将违约金调整为商品价款的十倍，以特别强化违约金的惩罚功能，彰显对食品安全的特别保护。

5.“典”亮美好生活

违约金条款，顾名思义是违反合同约定后，违约方向对方支付一定数额的金钱，以补偿对方所受损失的规定，是合同中非常重要的条款之一。如果合同能够顺利履行，违约金条款自然不会发挥作用，可是一旦履行出现问题，约定违约金条款的优势就显而易见了，利益受损方能够得到相应的损失赔偿。因此，在合同订立时，双方当事人都应当认真协商并审慎审查违约金条款的约定。

《民法典》允许合同当事人自行约定违约金，违约金的约定优于法定。因此合同中可以直接约定具体数额，也可以约定计算比例，但违约金需要以违约造成的损失为基础，不能过分高于或过分低于违约所造成的损失，既要防止因违约金过高而给违约方带来过分的不公平，也要确保违约金足以补偿守约方的损失。如果在合同履行过程中，发现违约金过高或者过低，当事人可以请求法院或仲裁机构对违约金数额适当进行调整。

案例二十七 为他人借钱担保 连带责任应特别约定

1. 基本案情①

原告邱某与被告郑某系邻里关系，郑某因生意周转需要向邱某借款50万元，借款期限自2014年5月24日至2018年5月24日，年利率为15%。郑某所在的A公司在借条的“担保单位”处盖章。

借款到期后，郑某下落不明，欠款也无从着落，邱某眼看着诉讼时效即将届满，就一纸诉状把郑某及其公司告上了法院，要求郑某还本付息，郑某的公司承担连带保证责任。

2. 判决结果

法院经审理认为，邱某与郑某的借贷事实成立，故依法判决郑某还本付息，但对于邱某诉请A公司承担连带保证责任的主张，不予支持。《民法典》

① 案件来源：福建省福州市马尾区人民法院适用《民法典》宣判首起涉保证的民间借贷纠纷案。

第六百八十六条规定：当事人在保证合同中对保证方式没有约定或者约定不明确的，按照一般保证承担保证责任。《民法典》对于默示保证方式推定为一般保证。因此，A公司仅承担一般保证责任。对于保证期间，《民法典》第六百九十二条第二款则规定："没有约定或者约定不明确的，保证期间为主债务履行期限届满之日起六个月"。本案保证期间均已超过，A公司担保责任已免除。

3. 关联法条

《中华人民共和国民法典》

第六百八十六条　保证的方式包括一般保证和连带责任保证。

当事人在保证合同中对保证方式没有约定或者约定不明确的，按照一般保证承担保证责任。

4. 法典微讲堂

本案争议的焦点在于：做为保证人的A公司是否需要承担连带保证责任。

所谓合同担保，是指双方当事人为了确保债务得以清偿而约定的措施，用特定的财产或者债务人、第三人的信用来督促债务人履行债务。合同担保的方式有五种：保证、抵押、质押、定金、留置。保证作为担保方式的一种，是由合同双方当事人以外的第三人来担任保证人，以其信用向债权人保证按照约定履行债务或者承担责任的行为。保证人承担保证责任的方式，包括一般保证和连带责任保证。

所谓一般保证，是指如果债务到期后，债务人没有按照约定履行义务也没有承担责任时，债权人应先向债务人主张债权，可以通过诉讼或仲裁，若仍无法实现自己的债权时，才能向保证人主张债权。而连带责任保证，是由保证人和债务人承担连带责任，当债务人不履行到期债务时，债权人可以请求债务人偿还债务，也可以请求保证人来承担保证责任。

那本案中的A公司究竟是以什么保证方式来承担保证责任呢？郑某所在

的A公司在借条的“担保单位”处盖章，意味着A公司与债权人邱某约定，以自己的信用为郑某的债务做担保，以督促其履行债务。但是对于A公司的保证方式，合同中并没有约定。根据《民法典》第六百八十六条第二款的规定，当事人在保证合同中对保证方式没有约定或者约定不明确的，按照一般保证承担保证责任。因此A公司应当作为一般保证的保证人。既然是一般保证，邱某应先向债务人郑某主张还本付息的责任，只有在该借款合同纠纷经过审判，且依法经过强制执行后，郑某仍不偿还借款和利息的情况下，A公司才需要承担保证责任，否则其有权拒绝向债权人邱某承担保证责任。此外，《民法典》第六百八十七条第二款规定了一般保证人承担保证责任的四种例外情形：债务人下落不明，且无财产可供执行；人民法院已经受理债务人破产案件；债权人有证据证明债务人的财产不足以履行全部债务或者丧失履行债务能力；保证人书面表示放弃本款规定的权利。在本案中，债务人郑某并不存在以上特殊情形，因此法院判决郑某还本付息，但对于邱某诉请A公司承担连带保证责任的主张，不予支持。

5.“典”亮美好生活

保证合同是为保障债权的实现，保证人和债权人约定，当债务人不履行到期债务或者发生当事人约定的情形时，保证人履行债务或者承担责任的合同。在日常生活中，普通老百姓在亲戚朋友的请求下，碍于人情和面子，往往会成为保证人，但由于没有专业的法律知识，并不清楚自己的保证行为会带来什么样的法律后果。原先，按照《担保法》第十九条规定，当事人对保证方式没有约定或者约定不明确的，按照连带责任保证承担保证责任。因此只要存在保证合同中没有约定或者约定不明的情形，就推定为承担连带责任保证，由此导致不少人稀里糊涂成为保证人，并且为此自己债务缠身乃至倾家荡产，极大地影响了保证人的正常生活。作为保证人的第三人，根据约定仅承担债务责任，并无任何获利，从公平正义的角度出发，在没有得到其明确同意下，不应当加重其风险，推定其承担和债务人一样的连带责任。

《民法典》从法理与实践出发，充分考量保证人的合法权益，对担保法的上述推定规则进行了修改，矫正了债权人与保证人之间的利益平衡。《民法典》第六百八十六条规定，当事人在保证合同中对保证方式没有约定或者约定不明确的，按照一般保证承担保证责任。基于此规定，将当事人之间关于保证方式没有约定或约定不明的情形推定为一般保证，债权人如果需要保证人来承担责任的前提，必须是穷尽所有法律手段先向债务人要求履行清偿义务。

那么，应当如何约定保证方式呢？作为债权人，一定要明确约定“连带责任保证”，不要含糊其词更不能不做约定；而如果作为保证人，建议约定一般保证或不明确约定保证方式，因为如果对保证方式没有约定或者约定不明确的，按照一般保证承担保证责任。

案例二十八 保护业主人身财产安全 物业服务公司义不容辞

1. 基本案情[①]

S市某小区居民住宅楼南侧发生火灾，造成该居民住宅楼六单元住户房屋不同程度烧损。经消防救援大队出具的火灾事故认定书，认定起火原因为6-1-2室居民丁某，将捡拾的烟花爆竹存放在自家南侧阳台外空地处，烟花爆竹复燃后，引燃该住宅楼南侧阳台外空地处堆放的杂物，进而引发火灾。此次火灾事故造成6单元住户王某房屋及室内物品受损，王某在房屋修缮期间，在其他小区租房居住。王某向法院起诉该小区的F物业公司，要求判令该物业公司承担其修缮房屋的费用及租房所产生的租金损失。

2. 判决结果

法院经审理认为，公民的财产权受法律保护，行为人因过错侵害他人民事

① 案件来源：辽宁省沈阳市中级人民法院（2022）辽01民终13344号沈阳某物业有限公司与丁某、王某等财产损害赔偿纠纷二审判决书。

权益造成损害的，应当承担侵权责任。本案中，经消防部门认定，此次火灾事故的起火原因系 6-1-2 室居民丁某捡拾的烟花爆竹复燃，引燃周围可燃物所引发火灾，故丁某对火灾事故的发生负有主要责任，对王某损失应承担主要赔偿责任。

根据《民法典》第九百四十二条的规定，物业服务人应当按照约定和物业的使用性质，妥善维修、养护、清洁、绿化和经营管理物业服务区域内的业主共有部分，维护物业服务区域内的基本秩序，采取合理措施保护业主的人身、财产安全。对物业服务区域内违反有关治安、环保、消防等法律法规的行为，物业服务人应当及时采取合理措施制止、向有关行政主管部门报告并协助处理。因此该小区的 F 物业公司有义务采取合理措施保护业主的人身、财产安全，其对小区内的消防安全未尽到管理职责，并且在丁某将杂物堆放在业主公共区域的情况下未及时采取合理措施进行管理以排除火灾隐患，因此 F 物业公司对王某的损失后果负有一定的过错责任。综上，法院判决 F 物业公司应承担 20% 的赔偿责任。

3. 关联法条

《中华人民共和国民法典》

第九百四十二条　物业服务人应当按照约定和物业的使用性质，妥善维修、养护、清洁、绿化和经营管理物业服务区域内的业主共有部分，维护物业服务区域内的基本秩序，采取合理措施保护业主的人身、财产安全。

对物业服务区域内违反有关治安、环保、消防等法律法规的行为，物业服务人应当及时采取合理措施制止、向有关行政主管部门报告并协助处理。

4. 法典微讲堂

本案争议的焦点在于：作为物业公司，并不是直接造成火灾的责任人，是否需要承担王某修缮房屋的费用及租房所产生的租金损失。

根据《民法典》对侵权责任的规定，对侵权行为的认定，一般采取过错责任原则，即行为人因过错侵害他人民事权益造成损害的，应当承担侵权责任。本案王某的房屋及个人财产在火灾中受损，究其原因是同一小区 6–1–2 室的居民丁某，其私自存放烟花爆竹的行为，引燃住宅楼南侧阳台外空地处堆放的杂物，进而引发火灾，因为丁某的过错，导致王某权益受损，丁某作为侵权人应当承担主要赔偿责任。但本案中，法院为何支持了王某主张 F 物业服务公司进行赔偿的请求呢？

《民法典》第三编第二十四章中，对物业服务合同的定义、内容、效力及终止情形做了具体规定。物业服务合同是物业服务人在物业服务区域内，为业主提供建筑物及其附属设施的维修养护、环境卫生和相关秩序的管理维护等物业服务，业主支付物业费的合同。合同的内容一般包括服务事项、服务质量、服务费用的标准和收取办法、维修资金的使用、服务用房的管理和使用、服务期限、服务交接等条款。物业服务人公开作出的有利于业主的服务承诺，为物业服务合同的组成部分。

《民法典》第九百四十二条将物业公司提供的服务分为了三个部分：其一为维护、修缮及管理业主共有部分的区域。例如：绿化、楼道、停车位等；其二为维护物业服务区域内的基本秩序，例如：外来人员、车辆的进出等；其三为在自己能力范围内依照合同约定来保护业主的人身和财产安全，更进一步明确了物业公司对于超出自己能力范围及合同约定范围的违法行为，应当及时采取合理措施制止、向有关行政主管部门报告并协助处理。

本案中，因 F 物业公司作为该小区物业管理单位，应当按照消防安全要求提供消防安全防范设施，有义务维护业主的人身、财产安全。但在该小区内公共区域被物品堆占的情况下，未及时履行物业管理职责予以排除火灾隐患，F 物业公司未尽作为物业服务人的一般妥善注意义务，对此财产损害后果负有一定的过错。因此法院根据其过错，认定 F 物业公司承担 20% 的赔偿责任。

5.“典”亮美好生活

物业服务合同是《民法典》新增设的有名合同之一，这是《民法典》的又一创新之举。随着我国近年来城市建设的迅猛发展，物业服务行业也在飞速发展壮大，城市居民住宅小区管理方式愈加专业化和现代化的同时，业主或业委会与物业公司的纠纷也逐年攀升。为了更好地解决物业服务纠纷，规范物业服务行业的健康发展，《民法典》将物业服务合同作为有名合同，用第九百三十七条至第九百五十条共计 14 个条文，来规定物业服务合同的定义、内容、物业服务人义务以及合同的解除等等。这些法条的规定，为物业服务公司开展法律服务提供了规范指引，为小区业主及业委会维护自身权益提供保障，也为司法实践中解决物业合同纠纷提供了法律依据。

根据《民法典》的规定，明确了作为物业服务人，有妥善提供物业服务的一般义务，应当按照约定和物业的使用性质，妥善维修、养护、清洁、绿化和经营管理物业服务区域内的业主共有部分，维护物业服务区域内的基本秩序，采取合理措施保护业主的人身、财产安全；有公开和报告的义务，应当定期将服务的事项、负责人员、质量要求、收费项目、收费标准、履行情况，以及维修资金使用情况、业主共有部分的经营与收益情况等以合理方式向业主公开并向业主大会、业主委员会报告；有禁止性义务，不得采取停止供电、供水、供热、供燃气等方式催交物业费。

作为民法典时代的物业人，应当根据《民法典》及物业服务合同的约定，了解认识物业服务人的合同义务与权利；对于服务小区内特别是老旧小区、外墙、地面、地下室等潜在的风险或安全隐患，应及时进行摸排和整治；对安保人员进行定期培训，对小区内公共设施、公共场所进行定期安全检查。

四

人格权

独立成编　彰显人民权益

案例二十九 尊重公序良俗 赔偿精神损失

1. 基本案情[①]

2018年12月，原告谢某1未经过被告谢某2同意将其奶奶和嫂嫂的尸骨下葬在由被告种植的案涉林地。2021年2月被告平整土地种植青梅时把原告祖坟毁坏，原告发现后向村委反映此事。村委对此事进行了调解，但双方因分歧较大调解未果。原告遂于2021年10月11日向法院提起诉讼，要求被告赔偿并把原告的祖坟恢复原状、支付精神抚慰金、向原告赔礼道歉，并保证日后不得再破坏原告祖坟。后被告上诉主张其未毁坏坟墓，与事实不符，法院不予采信。

2. 判决结果

法院认为，涉案坟墓是原告寄托哀思、悼念故人的客观载体，属于原

① 案件来源：广西壮族自治区贺州市中级人民法院（2022）桂11民终272号谢某2、谢某1一般人格权纠纷民事二审民事判决书。

告方的特殊财产。被告在与原告因案涉林地埋葬原告祖坟问题产生纠纷时应找有关部门进行处理解决，被告未经过有关部门调解处理而直接对原告祖坟进行毁坏，其行为致使原告方无法接受该事实，应予赔偿。

原告诉请被告赔偿20000元并把原告的祖坟恢复原状，该项请求系重复请求，经过法院释明后，原告选择了请求被告赔偿原告20000元。原告在庭审中无法提供建造该坟墓时的具体开支费用、该坟墓被毁前的具体尺寸和照片，该祖坟无法恢复原状，该院也无法计算其具体损失。法院根据当地的风俗习惯、经济水平以及原、被告过错责任，酌情支持原告请求为3000元。

被告的行为不仅损害了原告的特殊财产，也伤害了原告对故人的怀念之情，有悖公序良俗，同时也对原告方造成了巨大的精神损害，被告应该依法赔偿原告的精神损失。依照《民法典》第九百九十六条、第一千一百六十五条第一款之规定，判决被告谢某2赔偿原告谢某1祖坟维修费用3000元、精神损害抚慰金5000元。

3. 关联法条

《中华人民共和国民法典》

第九百九十六条　因当事人一方的违约行为，损害对方人格权并造成严重精神损害，受损害方选择请求其承担违约责任的，不影响受损害方请求精神损害赔偿。

第一千一百六十五条　行为人因过错侵害他人民事权益造成损害的，应当承担侵权责任。

依照法律规定推定行为人有过错，其不能证明自己没有过错的，应当承担侵权责任。

4. 法典微讲堂

本案争议的焦点问题主要有二：一是何为公序良俗？毁坏祖坟是否破坏了公序良俗？二是在确定了被告的责任后，除赔偿原告特殊的财产费用外，是否需要赔偿原告的精神损害？

第一，关于公序良俗。公序良俗即公共秩序和善良风俗的简称，指全体社会成员都需要遵守的公共秩序，符合普遍认可的道德准则。

（1）公序良俗的起源。公序良俗起源于罗马法。在罗马法上，公序指国家的安全，市民的根本利益；良俗指市民的一般道德准则。随着法律的变迁，公序良俗的表述虽不尽相同，但基本精神都在民法中得到了确认，如在德国民法中，表述为善良风俗，在英美法中，表述为公共政策。

（2）我国公序良俗原则的演变。原《民法通则》第七条规定，民事活动应当尊重社会公德，不得损害社会公共利益，扰乱社会经济秩序。原《合同法》第七条规定，当事人订立、履行合同，应当遵守法律、行政法规，尊重社会公德，不得扰乱社会经济秩序，损害社会公共利益。原《物权法》第七条规定，物权的取得和行使，应当遵守法律，尊重社会公德，不得损害公共利益和他人合法权益。以上关于社会公德、社会公共利益和社会经济秩序等概念的规定，虽从内涵来看，与公序良俗的含义大体相当，学界一般也以公序良俗称之，但其表述毕竟不同，内涵也略有差异。

《民法典》中明确提及公序良俗。如第八条规定，民事主体从事民事活动，不得违反法律，不得违背公序良俗。第十条规定， 处理民事纠纷，应当依照法律；法律没有规定的，可以适用习惯，但是不得违背公序良俗。第一百四十三条第三款规定，不违反法律、行政法规的强制性规定，不违背公序良俗。第一百五十三条规定，违背公序良俗的民事法律行为无效。至此，完整地确立了我国民法中的公序良俗原则。

（3）毁坏祖坟是否破坏了公序良俗。《左传》曰：国之大事，在祀与戎。对先人的怀念与祭祀是中华民族的优良传统。“清明时节雨纷纷，路上行人欲断魂”是传统“孝道”的重要表现，是维系家庭伦理的一种表现，祖坟是寄托这种情感重要的载体。对祖坟的破坏即造成了原告的特殊财产损失，更对原告的精神造成了不可逆转的损害，原告要求其承担必要的赔偿责任，合乎法律规定，合乎伦理道德。

第二，关于精神损害赔偿。精神损害赔偿是指自然人在人身权或者是特定的财产权利受到不法侵害，致使其人身利益或者财产利益受到损害并遭到严重精神痛苦时，受害人本人、其近亲属有权要求侵权人给予损害赔偿的民事法律制度。《民法典》第九百九十六条中明确规定了精神损害赔偿制度。《最高人民法院关于确定民事侵权精神损害赔偿责任若干问题的解释（2020修正）》为司法实践中审理民事侵权案件中如何正确确定精神损害赔偿责任提供了依据。

（1）自然人的精神损害赔偿请求权。当自然人的人身权益受到侵害或者其具有人身意义的特定物受到侵害的，作为被侵权人的自然人有权提出精神损害赔偿的请求。其他民事主体包括法人和非法人组织，不得提出精神损害赔偿请求。

（2）近亲属享有精神损害赔偿请求权。当有以下情况之一的，近亲属享有精神损害赔偿请求权：①相关被侵权人死亡（需要注意的是，这里的赔偿不同于死亡赔偿金）；②死者的名誉、隐私、姓名、肖像、遗体、遗骨等受到侵害。

（3）违约中的精神损害赔偿。在一般的合同纠纷中，如果违约方的违约行为给合同的对方当事人造成财产损失的，应当依据合同编的有关规定承担违约责任。但是违约行为同时给对方造成人格权损害的，被侵害的自然人可以人格权被侵害产生的精神损害请求精神损害赔偿。这一情况下请求精神损害赔偿须具备以下条件：①需存在违约和人格权侵权的竞合，即同时存在违约和侵犯人格权的情况；②非违约方因违约行为遭受严重精神损害的情形；③须以受损害方选择请求违约方承担违约责任为前提。

5.“典”亮美好生活

《民法典》第九百九十六条的规定明确了违约行为中的精神损害赔偿。在《民法典》颁布施行前，关于违约责任与侵权责任竞合时能否适用精神损害赔偿的问题，我国司法实践中做法虽并不完全一致，但大体上是持否定态度的，即如果原告选择违约请求权，则不能主张精神损害赔偿。由于受损害方不同的选择可能会导致结果上的不同，并且这会使得受损害方必须在对其都有所不利的请求权中选择，难以获得周全的救济，不利于受损害方的人格权保护。

《民法典》第九百九十六条的规定突破了违约责任与精神损害赔偿不能并行的一般原则，在存在竞合的情况下，允许当事人在违约请求权中，主张精神损害赔偿，具有积极意义。这一立法完善，即在违约责任与侵权责任存在竞合的情形中，允许受损害方请求行为人承担违约责任时，可以在违约责任请求中再请求精神损害赔偿，有利于为受害人提供不同救济渠道的选择，拓展在此类情形下精神损害的救济方法，这符合加强人格权保护的发展趋势，是一个重要的进步。

尊重公序良俗是一个民族文明和谐的重要表现。与邻为善，与人为善，都寄托了中国传统文化中“和”的精神，也是中国人传统的友善、文明、和谐的传承与发扬。对于建设富强、民主、文明、和谐的社会主义现代化国家具有重要的意义。

案例三十　面临现实威胁　申请人身禁令

1. 基本案情①

申请人李某某与被申请人何某某曾系夫妻关系，双方已于 2020 年 11 月 2 日经法院调解离婚。被申请人离婚后曾对申请人通过当面、以电话等方式辱骂骚扰，并扬言要侵害申请人。申请人认为自己人身面临现实危险，惶恐不安，特依据《中华人民共和国民法典》有关规定，申请裁定对申请人人身安全保护，禁止被申请人骚扰、跟踪、接触申请人、申请人近亲属及申请人共同生活的家庭成员，禁止被申请人对申请人实施恐吓、威胁、人身伤害、暴力行为。

2. 判决结果

法院经审查认为，被申请人何某某以暴力方式对申请人实施伤害，对

① 案件来源：重庆市永川区人民法院（2021）渝 0118 民保令 3 号李某某与何某某申请人格权侵害禁令民事裁定书。

申请人李某某及其近亲属和家庭成员造成现实危险，申请人李某某的申请符合人格权侵害禁令的法定条件。依照《民法典》第九百九十七条之规定，禁止被申请人骚扰、跟踪、接触申请人及其相关近亲属、家庭成员；禁止被申请人对申请人实施恐吓、威胁、人身伤害、暴力行为。

人格权侵害禁令失效前，人民法院可根据申请人的申请撤销、变更或者延长。如被申请人何某某违反上述禁令，法院将根据法律规定，视情节轻重，处以罚款、拘留；构成犯罪的，依法追究刑事责任。

3. 关联法条

《中华人民共和国民法典》

第九百九十七条　因民事主体有证据证明行为人正在实施或者即将实施侵害其人格权的违法行为，不及时制止将使其合法权益受到难以弥补的损害的，有权依法向人民法院申请采取责令行为人停止有关行为的措施。

4. 法典微讲堂

本案涉及的焦点问题主要是：什么是侵害人格权禁令制度？如何申请人格权侵害禁令？

第一，侵害人格权禁令的概念和特征。侵害人格权禁令指申请人为及时制止正在实施或即将实施的侵害人格权的行为，或可能造成侵害的行为，依据《民法典》第九百九十七条的规定，在诉前或诉中请求法院作出的禁止或限制被申请人实施某种行为的强制命令。就其特征来看：

（1）禁令适用于情况紧急的情形。如果不及时采取禁令措施，放任侵权行为继续进行，会造成损害的进一步扩大，因此通过禁令制度对紧急侵害的行为予以制止更符合对人格权保护的需要。

（2）禁令适用于正在实施或具有侵害之虞的行为。

（3）禁令的适用不考虑行为人的主观状态。受害人申请禁令并不要求行为人的行为具有不法性，也不要求行为人具有过错，只要有证据证明行为人的行为可能对自身的人格权造成现实的危险或威胁即可。

（4）禁令是一种临时性救济措施。禁令是受害人针对侵权人实施的侵权行为，申请法院责令被申请人停止一定行为的紧急措施，其通常被认为是一种临时性的措施。法院作出最终判决后，禁令自动失效，依据最终判决决定当事人权利义务关系。

第二，禁令的种类。

（1）诉前禁令。指在提起诉讼前，侵权行为已经发生或即将发生时，为避免损害后果扩大或难以弥补，受害人请求法院颁发禁止令，责令行为人停止相关侵权行为。

（2）诉中禁令。指在诉讼过程中，由于被申请人的侵权行为已经或有可能使申请人遭受损害，或者可能导致损害进一步扩大，为避免损害扩大，申请人请求法院依法禁止被申请人为一定行为。

第三，侵害人格权禁令制度的功能。

（1）预防损害发生或扩大功能。与侵权责任法侧重对受害人实施事后救济不同，人格权法更注重事前防范、事先预防。侵害人格权禁令制度正是发挥人格权法的预防功能的体现。

（2）救济功能。在损害有发生危险的情形下，权利人及时申请禁令可以有效预防损害的实际发生，从而避免不可挽回的损害发生。在损害已经发生或正处于持续之中的情况下，颁发禁令也有助于防止损害进一步扩大，从而保护受害人免于遭受更大的损害。

（3）平衡当事人利益功能。法院审查是否应当颁发禁令时，需要综合考量申请禁令的紧迫性、损害是否可以通过金钱等方式来赔偿等因素，也就是在申请人与被申请人之间进行利益衡量。

第四，侵害人格权禁令的适用条件。

（1）行为人正在实施或者即将实施侵害人格权的行为。

（2）如不及时制止将会使损害后果迅速扩大或难以弥补。

一般认为，人格权禁令适用中，判断其急迫性时可以参照《民事诉讼法》

第一百零一条证据保全规则中所规定的判断标准（《民事诉讼法》第一百零三条：人民法院对于可能因当事人一方的行为或者其他原因，使判决难以执行或者造成当事人其他损害的案件，根据对方当事人的申请，可以裁定对其财产进行保全、责令其作出一定行为或者禁止其作出一定行为；当事人没有提出申请的，人民法院在必要时也可以裁定采取保全措施）。

（3）申请人具有较大的胜诉可能性。

（4）申请人有证据证明行为人正在实施或者即将实施相关侵害行为。

5.“典”亮美好生活

《民法典》第九百九十七条首次规定了针对侵害人格权行为的禁令制度。这项禁令制度的规定有利于及时制止侵害人格权的行为，防止侵害人格权的损害后果发生或扩大，具有对人格权保护的事前预防功能或防止损害扩大的功能。不同于其他的侵权行为，对人格权侵害而言，一旦发生侵害行为，损害后果往往都难以恢复原状或者恢复成本过高，特别是在互联网时代，侵害隐私、名誉等人格权益的损害后果一旦发生，将很难通过金钱赔偿等方式对受害人进行完全弥补，甚至会发生极其严重的后果。因此，该要件的认定标准应该适当放宽，法院经过判断认为，如果不及时制止侵害行为，可能造成受害人损害迅速扩大或损害难以通过金钱赔偿恢复原状，就有必要通过禁令制度对权利人提供救济。

案例三十一　开展医学研究　遵守法律伦理

1. 基本案情[①]

原告李某某与原告赵某某2002年2月28日登记结婚。2016年8月19日，二原告与被告西北某医院签订《卵子、胚胎冷冻保存协议书》，约定被告为原告保管囊胚叁枚，保存期限自2016年9月25日至2017年9月25日，保管费为2580元。如果二原告选择授权被告继续保存，必须在保存期限到期前，到被告处重新签订冷冻协议书，并续交保存费。保存物的所有权属于二原告夫妇双方共同所有，任何一方不得单独处置。协议签订后，二原告将保管费用支付至2022年3月25日。

后李某某、赵某某因身体原因决定放弃辅助生殖治疗，希望对保存在被告处的胚胎自行妥善处理。被告认为原告不具备冷冻囊胚的保存条件及

① 案例来源：西安市雁塔区人民法院（2021）陕0113民初27460号西北某医院、赵某某等保管合同纠纷民事一审民事判决书。

因客观原因已无法实现人工辅助生殖的生育目的，返还囊胚将产生违法或不当使用处置的法律和道德风险，因此拒绝返还。故原告诉至法院，请求解除保管合同并返还全部胚胎。

2. 判决结果

法院认为，在我国现有法律、行政法规对返还冷冻胚胎并无明确禁止性规定的情况下，二原告在取得案涉冷冻囊胚后是否会用于违法行为不能成为被告不予返还案涉冷冻囊胚的理由。二原告以想去医疗技术更好的医院试行辅助生育为由，要求返还案涉冷冻囊胚的行为本身并未违反法律、行政法规的禁止性规定，因此，法院对二原告的诉讼请求予以支持。

但是，根据《民法典》一千零九条“从事与人体基因、人体胚胎等有关的医学和科研活动，应当遵守法律、行政法规和国家有关规定，不得危害人体健康，不得违背伦理道德，不得损害公共利益”的规定，以及中华人民共和国卫生部颁布的《人类辅助生殖技术管理办法》（2001 年）第三条“人类辅助生殖技术的应用应当在医疗机构中进行，以医疗为目的，并符合国家计划生育政策、伦理原则和有关法律规定。禁止以任何形式买卖配子、合子、胚胎。医疗机构和医务人员不得实施任何形式的代孕技术”的规定，胚胎不能用于买卖或实施代孕。案涉冷冻胚胎返还后，二原告应遵守上述法律、行政法规和国家有关规定。否则，亦应自行承担违法的法律后果。

最终法院判决解除合同、返还冷冻囊胚。

3. 关联法条

《中华人民共和国民法典》

第一千零九条　从事与人体基因、人体胚胎等有关的医学和科研活动，应当遵守法律、行政法规和国家有关规定，不得危害人体健康，不得违背伦理道德，不得损害公共利益。

4. 法典微讲堂

2014 年，全国首例已故夫妻冷冻胚胎权属纠纷案引发全国关注。2018 年，基因领域发生了基因编辑婴儿事件，主导者贺某某在明知违反国家有关规定和医学伦理的情况下，将安全性、有效性未经严格验证的人类胚胎基因编辑技术用于辅助生殖医疗，将基因编辑过的胚胎通过辅助生殖技术移植入人体内，致使基因编辑婴儿出生。该事件引起了国内外广泛关注和热议，也引发了社会对医学伦理、道德、法律等各方面的思考。

在这种背景下，《民法典》增加了有关人体基因和人体胚胎等有关医学和科研活动的规定，通过立法予以规制，引导这些科研活动在科学、伦理的指引下健康有序发展。

第一，关于人体基因、人体胚胎的界定。

（1）人体基因：《基因工程安全管理办法》（1993 年）第二条规定，本办法所称基因工程，包括利用载体系统的重组体 DNA 技术，以及利用物理或者化学方法把异源 DNA 直接导入有机体的技术。

（2）人体胚胎：指人的精子和未受精卵受精后所产生的胚胎。根据《人类辅助生殖技术管理办法》（2001 年）第三条的规定，人类辅助生殖技术的应用应当在医疗机构中进行，以医疗为目的，并符合国家计划生育政策、伦理原则和有关法律规定。禁止以任何形式买卖配子、合子、胚胎。医疗机构和医务人员不得实施任何形式的代孕技术。

第二，从事与人体基因、人体胚胎等有关的医学和科研活动的界限。

（1）遵守法律、行政法规和国家有关规定。我国已经制定了较为完整的法律法规来规范相关的医学和科研活动。如 1993 年颁行的《基因工程安全管理办法》，2001 年颁行的《人类辅助生殖技术管理办法》，2003 年颁行的《人胚胎干细胞研究伦理指导原则》，2016 年修订的《涉及人的生物医学研究伦理审查办法》，2021 年修订的《科学技术进步法》等。

（2）不得危害人体健康。《科学技术进步法》（2021年修订）第一百零七条规定，禁止危害国家安全、损害社会公共利益、危害人体健康、违背科研诚信和科技伦理的科学技术研究开发和应用活动。

（3）不得违背伦理道德。《涉及人的生物医学研究伦理审查办法》（2016年修订）第四条规定，伦理审查应当遵守国家法律法规规定，在研究中尊重受试者的自主意愿，同时遵守有益、不伤害以及公正的原则。第十八条规定，涉及人的生物医学研究应当符合知情同意、控制风险、免费和补偿、保护隐私、依法赔偿以及特殊保护六方面伦理原则。《人胚胎干细胞研究伦理指导原则》（2003年）第四条规定，禁止进行生殖性克隆人的任何研究。第六条规定，进行人胚胎干细胞研究，必须遵守以下行为规范：①利用体外受精、体细胞核移植、单性复制技术或遗传修饰获得的囊胚，其体外培养期限自受精或核移植开始不得超过14天。②不得将前款中获得的已用于研究的人囊胚植入人或任何其他动物的生殖系统。③不得将人的生殖细胞与其他物种的生殖细胞结合。这些均属于与人体基因、人体胚胎等有关医学和科研活动相关的法律、行政法规和国家有关规定，从事相关活动，应当遵守。

（4）不得损害公共利益。前述《科学技术进步法》第一百零七条明确规定了禁止损害社会公共利益。

第三，辅助生殖技术的使用与禁止。

（1）辅助生殖技术的使用。人类辅助生殖技术是指运用医学技术和方法对配子、合子、胚胎进行人工操作，以达到受孕目的的技术，分为人工授精和体外受精—胚胎移植技术及其各种衍生技术。

（2）辅助生殖技术的禁止。国家禁止以任何形式买卖配子、合子、胚胎。医疗机构和医务人员不得实施任何形式的代孕技术。

5.“典”亮美好生活

《民法典》第一千零九条的规定为医疗和科研活动提供了行为边界，为司法实践提供了具体的判断标准，为医学和科研伦理审查机制的确立提供了法律依据。21世纪是生物技术时代，又是走向权利的时代。基因科技是生物技术的“黄金”，基因技术的发展也引发了社会对伦理、道德、法律等各方面的思考，尤其是人类基因编辑问题。人类基因的编辑可能会对某些疾病的治疗产生积极的作用，但也可能因这种对人的研究和“优化”而使问题更加复杂，出现复杂的伦理、道德和法律问题，甚至产生无法预测的后果。因此对这一问题进行法律规制是现实且迫切的。

案例三十二　禁止性骚扰　单位也有责

1. 基本案情[①]

赵某自2006年起与某公司建立劳动关系。2018年5月，该公司收到女员工发送的主题为“办公室性骚扰”的联名邮件。邮件中四名女员工称在工作期间被赵某摸手、碰胳膊、拍大腿等，且赵某对某一女员工的照顾与偏袒超越上下属关系，四人称赵某利用职务之便对女性实施性骚扰，请求严肃处理赵某以保护女员工、创造良好的工作环境。某公司调查核实相关情况后，以赵某在工作中有严重违反公司规章制度、劳动纪律以及劳动者基本职业道德的行为为由，解除与赵某的劳动合同。赵某提起诉讼，请求某公司赔偿违法解除劳动合同补偿金。

① 案件来源：本案入选最高人民法院发布妇女儿童权益保护十大典型案例之六：赵某与某公司维护女性就业权利和女职工合法权益。

2. 判决结果

法院认为，同事之间相处应保持礼貌、恰当距离，同时需恪守道德底线。赵某对数名女同事均存有肢体接触，并有不恰当言论，引发众多女同事反感，给他人带来心理不适及负担。其前述行为不尊重女性且涉及范围较广，严重影响办公氛围，亦有违劳动者基本职业道德。据此，某公司依据双方劳动合同相关条款规定，以赵某严重违反公司规章制度、劳动纪律及劳动者基本职业道德为由，解除双方劳动合同，并无不妥。遂判决不予支持赵某的诉讼请求。

3. 关联法条

《中华人民共和国民法典》

第一千零一十条　违背他人意愿，以言语、文字、图像、肢体行为等方式对他人实施性骚扰的，受害人有权依法请求行为人承担民事责任。

机关、企业、学校等单位应当采取合理的预防、受理投诉、调查处置等措施，防止和制止利用职权、从属关系等实施性骚扰。

4. 法典微讲堂

本案性质上属于劳动纠纷案件，但其内容涉及单位内部的性骚扰问题。在本案审理时《民法典》尚未出台，但此案件审理的裁判标准与《民法典》第一千零一十条规定的精神完全契合，取得了较好的法律效果和社会效果。案例最终入选央视一套今日说法献礼《民法典》专题片。从规制性骚扰的角度分析，需要明确什么是性骚扰？现实社会生活中如何认定性骚扰？机关、企业、学校等单位承担的义务和责任是什么？

第一，性骚扰的内涵和特征。目前的法律中尚没有关于性骚扰的明确定义，根据学理的观点，一般认为性骚扰是指以身体、语言、动作、文字或者图像等方式，违背他人意愿而对其实施的以性为取向的有辱其尊严的性暗示、性挑逗以及性暴力等行为[①]。从我国《民法典》第一千零一十条的规定来看，基于保护人格尊严的目的，把所有的违背他人意愿而实施的与性有关的行为均包括在内，如此更有利于实现立法目的，保护人民权益。

（1）性骚扰是行为人针对特定受害人的以性为内容的骚扰行为。性骚扰必须和性有关，且该行为必须针对特定人。从类型来看，性骚扰包括性暗示、性挑逗、性贿赂、性强迫和性暴力等。从形式来看，其不限于暴力的方式，现实中更多的性骚扰是以言语、文字、图像、肢体行为等非暴力的方式表现的。

（2）性骚扰是违背受害人意愿的骚扰行为。根据受害人的行为能力判断，如果受害人为限制民事行为能力人或者无民事行为能力人，由于其缺乏辨识能力，行为人对其实施的一切性骚扰行为，无论受害人同意与否，均应被认定为违背其意愿。如果受害人是完全民事行为能力人，从保护受害人和举证能力角度分析，不能以受害人明确表示反对为标准，也不能以受害人事后是否因该行为产生恐慌、愤怒、焦虑等不良情绪为判断依据，只要受害人在性骚扰行为发生时不赞成、不接受就可以认定其行为违背受害人意愿。如果行为人主张不构成性骚扰，则应当证明受害人明确同意或者自愿接受。

（3）性骚扰是侵害人格权益的骚扰行为。根据骚扰行为的不同，其侵害的人格客体也存在着不同的情形，具体可能包括人格尊严和人身自由等一般人格权，以及身体权、健康权、隐私权、名誉权、肖像权等具体人格权。

第二，规制性骚扰的法律规定。从我国的法律规定来看，以 2005 年修订的《妇女权益保障法》为标志，之前的法律虽有相关权益的保障，但没有采用性骚扰这一明确的概念。如《宪法》第三十八条明确规定，中华人民共和国公民的人格尊严不受侵犯；现行《刑法》中规定了强制猥亵、侮辱罪等相关罪名；现行《治安管理处罚法》也针对多次发送淫秽、侮辱、恐吓或者其他信息，干扰他人正常生活的；猥亵他人的，或者在公共场所故意裸露身体等行为规定了处罚措施；2005 年修正的《妇女权益保障法》第四十条明确规定，

① 王利明：《人格权重大疑难问题研究》，法律出版社 2019 年版，第 414 页。

禁止对妇女实施性骚扰。这是我国第一部对性骚扰进行规定的法律；《民法典》第一千零一十条对此进行了明确的规定。

第三，性骚扰侵权责任的承担方式。

（1）停止骚扰。对正在发生的性骚扰行为，受害人有权要求侵权人停止骚扰行为。针对持续发生的性骚扰行为，受害人可以向侵权人直接提出，也可以向法院、公安等机关提出，如能明确侵害人工作单位的，也可以向其所在单位反应。

（2）损害赔偿。如性骚扰行为给受害人造成了身体和健康上的伤害，则受害人有权主张由此产生的医疗费、误工费等相关财产损害赔偿。如性骚扰行为给受害人造成了精神伤害，则受害人有权主张由此产生的精神损害赔偿。

（3）消除影响、恢复名誉。性骚扰这种行为往往会对受害人造成一定范围的不良影响，尤其是在网络社会中，这种不良影响甚或在短期内扩展到极大的范围。因此，受害人可以请求消除影响、恢复名誉。

第四，单位预防和制止性骚扰的义务。《民法典》第一千零一十条第二款规定：机关、企业、学校等单位应当采取合理的预防、受理投诉、调查处置等措施，防止和制止利用职权、从属关系等实施性骚扰。从立法结构来看，我国将禁止性骚扰规定于人格权编，将其界定为侵害人格权的行为，如前所述，这种规定的模式有利于更大范围的保护受害人的权益。同时考虑到机关、企业、学校等单位中，人员交往相对密切，人员之间存在着上下级、领导与被领导、管理与被管理、监督与被监督等关系，以及工作绩效考评、职务晋升、职称评聘等与当事人切身利益紧密相关的职权行为，成为性骚扰的高发场所，且其行为往往具有较大的隐蔽性，对受害人造成的伤害更大，造成的社会影响较大。所以，法律单立一款规制这种职场型的性骚扰行为。

（1）合理预防。机关、企业、学校等单位承担的预防性骚扰的义务在立法上只做了原则性的规定，但从立法本意和单位实务角度思考，其应采取以下几方面措施：一是制定预防性骚扰的制度性规定。在用人单位日常管理制度中，根据本单位的性质和工作实际，明确性骚扰的具体表现形式及责任后果；

二是增加法律教育和宣传，提升单位员工的法律意识和权利意识；三是培育、倡导积极、健康的人际关系和单位文化等。

（2）及时救济。用人单位内部如果发生了性骚扰的行为，机关、企业、学校等单位必须要提供及时、充分的救济，以保障受害人的权利，具体来说：一是明确、公示救济渠道。用人单位首先需要在内部明确救济的机构或部门，并在单位内部公示，以确保单位员工能了解到救济渠道；二是及时受理。用人单位内部的救济部门在收到受害人的投诉后，需要立刻采取措施，制止正在发生的性骚扰行为，保全证据材料，及时采取补救措施；三是存在有争议的情况时，需要尽快调查，明确事实；四是及时处置。事实明确后对行为人要根据用人单位的规章制度，尽快处置，减小事件的后续影响，减轻受害人的伤害。对受害人要及时安抚，稳定情绪，并做好后续追踪安抚工作；五是如行为可能涉及违法犯罪，用人单位需要帮助受害人，尽快报警。

（3）用人单位违反上述义务的，应当承担相应责任。《民法典》中规定了用人单位的上述义务，但并无规定违反上述义务后的法律责任。根据有义务即有责任的一般原理，我们可以理解为当用人单位违反上述义务时，需要承担相应的责任。但这种责任的性质如何？是民事责任还是行政责任？需要法律进一步明确。同时，如用人单位在未履行这种义务的情况下，受害人是否能向用人单位主张民事赔偿？则需要从用人单位是否有过错来判断，有过错则有责任。

5.“典”亮美好生活

《民法典》总则第一千零一十条关于性骚扰的规定，是我国在保护人民权利，完善社会治理上一个重要举措。近些年，关于性骚扰的报道常见于新闻，产生了较大的社会影响，尤其是在公共场所、用人单位发生的案件，社会影响尤甚。《民法典》这一规定明确了性骚扰的认定标准，厘清了性骚扰与不当言行之间的区别，提升了公众对性骚扰的认知，能更准确地追究性骚扰行为人的责任，保护受害人的权益，也同时对潜在的性骚扰行为人形成了威慑；

另一方面，针对职场和公共场所等一些性骚扰行为高发场所的治理提供了法律依据，从总体上推动了这些用人单位预防、制止性骚扰行为的机制建立。以上这些最终都有利于对现实中的性骚扰行为进行防治，保障人民权益，尤其是保障妇女权益，而这也是立法的根本目的。

案例三十三　我的姓名我做主　公序良俗要遵守

1. 基本案情[①]

2011 年 10 月，被告向某 1 与原告向某 2（未成年人）之母郑某离婚，约定原告由母亲郑某抚养。原告跟随郑某生活后，郑某将其姓名变更为“郑某某”，原告一直使用“郑某某”生活、学习，以“郑某某”之名参加数学、美术、拉丁舞等国内、国际比赛，并多次获奖。2018 年 12 月，被告向某 1 向派出所申请将原告姓名变更回“向某 2”。在原告姓名变更回“向某 2”后，其学习、生活、参赛均产生一定困扰。原告及其母亲郑某与被告向某 1 协商未果，原告诉至法院，请求判令被告配合原告将原告姓名变更为“郑某某”。审理中，原告到庭明确表示，其愿意使用“郑某某”这一姓名继续生活。

① 案件来源：重庆市合川区（市）人民法院民事判决书（2020）渝 0117 民初 7038 号向某 2 诉向某 1 姓名权纠纷案。

2. 判决结果

法院认为，姓名是自然人参与社会生活的人格标志，依照《民法典》第一千零一十二条的规定，自然人有权依法决定、使用、变更或者许可他人使用自己的姓名，但不得违反公序良俗。父母离婚后涉及未成年人利益的纠纷处理，应坚持以未成年人利益最大化为原则。本案中，原告多年来持续使用“郑某某”这一姓名，该姓名既已为亲友、老师、同学所熟知，也已成为其人格的标志，是其生活、学习的重要组成部分。原告作为年满12周岁的未成年人，已经能够理解该姓名的文字含义及人格象征意义，结合其多次参加国际、国内赛事的获奖经历以及自身真实意愿，继续使用该姓名，有利于原告的身心健康和成长。遂依照相关法律规定，判决被告配合原告将户籍登记姓名变更回“郑某某”。

3. 关联法条

《中华人民共和国民法典》

第一千零一十二条　自然人享有姓名权，有权依法决定、使用、变更或者许可他人使用自己的姓名，但是不得违背公序良俗。

4. 法典微讲堂

姓名权是每个自然人都具备的人格权，是自然人区别于其他人的重要的人格表征。本案系适用《民法典》保护未成年人合法姓名变更权的典型案例，本案中需要关注的焦点主要有姓名权的具体内容有哪些？子女的姓名如何确定？姓名如何变更？

第一，姓名权的立法变迁。在我国，关于姓名权的法律规定最早源于1980年的《婚姻法》第十条规定，夫妻双方都有各用自己姓名的权利（这一规定旨在破除妻随夫姓的封建传统）；第十六条规定，子女可以随父姓，也可以随母姓。到1986年的《民法通则》第九十九条第一款规定：公民享有姓名权，有权决定、使用和依照规定改变自己的姓名，禁止他人干涉、盗用、假冒。2009 年的《侵权责任法》第二条第二款规定，本法所称民事权益法，包括生命权、健康权、姓名权……。2018 修正的《广告法》第三十三条规定，广告主或者广告经营者在广告中使用他人名义或者形象的，应当事先取得其书面同意；使用无民事行为能力人、限制民事行为能力人的名义或者形象的，应当事先取得其监护人的书面同意。《民法典》人格权编第一次明确了姓名权的概念和内涵。

第二，姓名权的具体内容。

（1）姓名决定权。姓名决定权指自然人决定自己姓名的权利，其内容包括：一是自然人有权决定随父姓或者随母姓。现实生活中，未成年子女的姓名一般是由其监护人决定的。二是在符合条件的情况下可以采用父母以外的其他姓氏，这里的条件通常是指选取其他直系长辈血亲的姓氏，因由法定扶养人以外的人扶养而选取扶养人姓氏，有不违背公序良俗的其他正当理由等情形。三是有权决定是否使用笔名、艺名、网名、译名等其他名字。

（2）姓名变更权。姓名变更权指自然人依照有关规定改变自己的姓名而不受他人干涉的权利。现实生活中，自然人在变更姓名时需要注意的是：需要到相关主管部门（户籍管理部门）进行变更登记。本案中涉及的是子女的姓名变更问题，根据《公安部关于父母离婚后子女姓名变更有关问题的批复》规定，如果父母离异要给孩子改姓，双方应当协商，如果协商不能达成一致，应当维持原名。若前夫或前妻不同意改姓，另一方无权单方给孩子改姓。若离婚后一方始终不同意改姓，抚养孩子的一方可以等到孩子 18 岁以后再申请改姓。18 岁后申请改姓，只需要孩子同意，不需要离异的另一方同意。本案中，双方协商无果才诉至法院，法院的判决充分考虑了原告的身心健康和成长，征求了原告的意见。最终判决被告配合原告将户籍登记姓名变更回“郑某某”，符合立法精神。

（3）姓名使用权。姓名使用权指自然人使用自己的姓名或不使用自己姓名而不受他人干涉的权利。如自然人可以在自己的作品上标示姓名，也可以不标示姓名。需要注意：根据管理需要，有些场合必须要使用自己的姓名，且必须是真实、与身份证或者户籍登记相一致的姓名，如有些需要实名登记的场所，办理一些证件的时候等。这里的姓名使用权就同时具有了义务属性。

（4）许可他人使用姓名的权利。这一规定是《民法典》对传统姓名权内涵的补充和完善。传统民法上，仅有对自己姓名使用的权利，并无许可他人使用的权利，随着社会的发展，姓名权开始出现了商品化的现象，出现了姓名的商业利益。根据此项规定，对姓名权主体与姓名的利益可以适当分离，产生姓名的商业代理行为，这是我国市场经济全面发展的重要表现。

第三，姓名权行使的限制。根据法律规定，姓名权行使中必须严格遵守法律法规，遵守公序良俗。

（1）姓名的构成需要符合法律及相关行政法规。实践中，自然人的姓名如何构成一直存在着争议，其焦点是自然人是否可以任意选用汉字、字母、数字等各类符号作为姓名的组成部分。如 2009 年成功入选中国十大影响性诉讼的“赵 C 案”，其核心是字母“C”能否作为姓名进行登记，后该案以和解结案，但其中涉及行政权力是否可以限制公民姓名权的争论却一直存在。从规制姓名构成的法律法规和规范性文件来看，《居民身份证法》（2003 年）第四条规定，居民身份证使用规范汉字和符合国家标准的数字符号填写。民族自治地方的自治机关根据本地区的实际情况，对居民身份证用汉字登记的内容，可以决定同时使用实行区域自治的民族的文字或者选用一种当地通用的文字。这里的数字符号如何界定，亦存在着争议。另《公安部关于启用新的常住人口登记表和居民户口簿有关事项的通知》（1995 年）中规定，常住人口登记表和居民户口簿应使用国务院公布的汉字简化字填写，民族自治地区可使用本民族的文字或选用当地通用的民族文字填写。从以上规定可以发现，实践中，采用英文的名字无法获得户籍登记。当然，自然人的笔名、艺名、网名等不需要登记，也即不受这一限制，完全可以满足自然人对姓名的特殊要求。

（2）姓名权的行使不得违反公序良俗。根据法律规定，自然人行使姓名权不得违反公序良俗。如2014年全国人民代表大会常务委员会《关于〈中华人民共和国民法通则〉第九十九条第一款、〈中华人民共和国婚姻法〉第二十二条的解释》中规定，公民依法享有姓名权。公民行使姓名权，还应当尊重社会公德，不得损害社会公共利益。

第四，侵犯姓名权的表现形式。

（1）干涉他人决定、使用、改变姓名。

（2）盗用他人姓名。盗用他人姓名指的是未经他人同意或授权，擅自以他人的名义实施某种活动，以抬高自己身价或谋求不正当的利益。如《反不正当竞争法》（2019年修正）第六条就规定：经营者不得实施下列混淆行为，引人误认为是他人商品或者与他人存在特定联系：……（二）擅自使用他人有一定影响的企业名称（包括简称、字号等）、社会组织名称（包括简称等）、姓名（包括笔名、艺名、译名等）；……

（3）冒用他人姓名。指的是使用他人的姓名，冒充他人进行活动，以达到某种目的。

5."典"亮美好生活

《民法典》人格权第一千零一十二条完整地规定了自然人姓名权的内涵及其行使限制，是对我国人格权制度的重要完善。对实践中自然人正确行使姓名权起到了良好的指导作用，此条规定与其后的相关法条结合，也为姓名商品化中权利的行使及保障起到了规范作用。实务中，因夫妻离异后一方变更未成年人姓名而频频引发纠纷。本案审理中，法院坚持以未成年人权益保护为出发点，将《民法典》人格权编中关于姓名权的规定与《未成年人保护法》相结合，考虑到该案中的当事人虽为未成年人，但具备了一定的辨识能力，遂充分听取了当事人的意见，尊重其姓名变更中的自主权，最大限度地保护了未成年人的人格利益，收到了良好的社会效果，也为类似案例的审判提供了良好的导向作用。

案例三十四　个人信息须尊重　刷脸识别要谨慎

1. 基本案情[①]

郭某购买杭州野生动物世界双人年卡，留存相关个人身份信息，并录入指纹和拍照。后野生动物世界为了方便消费者快速入园，将年卡入园方式由指纹识别调整为人脸识别，并要求郭某进行人脸激活，双方协商未果，遂引发纠纷。

2. 判决结果

法院经过审查认为，案件的核心问题为对经营者处理消费者个人信息，尤其是指纹和人脸等个人生物识别信息行为的评价和规范问题。本案的争议焦点可以归纳为：（1）郭某主张的店堂告示、短信通知内容的效力认定问题；（2）野生动物世界是否存在郭某主张的违约和欺诈行为，若存在，

① 案件来源：浙江省杭州市中级人民法院（2020）浙 01 民终 10940 号郭某诉杭州野生动物世界有限公司服务合同纠纷民事二审民事判决书。

则损失如何认定；（3）郭某能否要求野生动物世界删除已收集的个人信息。

法院一审判决，野生动物世界赔偿郭某合同利益损失及交通费；删除郭某办理年卡时提交的包括照片在内的面部特征信息；驳回郭某其他诉讼请求。

二审法院认为，鉴于其指纹识别闸机停止使用，原约定入园方式无法实现，亦应删除郭某的指纹识别信息。

3. 关联法条

《中华人民共和国民法典》

第一千零三十四条　自然人的个人信息受法律保护。

个人信息是以电子或者其他方式记录的能够单独或者与其他信息结合识别特定自然人的各种信息，包括自然人的姓名、出生日期、身份证件号码、生物识别信息、住址、电话号码、电子邮箱、健康信息、行踪信息等。

个人信息中的私密信息，适用有关隐私权的规定；没有规定的，适用有关个人信息保护的规定。

4. 法典微讲堂

本案的焦点在于园方将指纹识别更改为人脸识别是否必要？本案被称为我国的“人脸识别第一案”，是个人信息司法保护的典范。其中涉及的内容和意义都值得我们思考。

第一，个人信息的范畴。《民法典》第一千零三十四条第一款采用概括和列举的方式明确了个人信息的内涵和外延。在《个人信息保护法》（2021年颁行）中规定，个人信息是以电子或者其他方式记录的与已识别或者可识别的自然人有关的各种信息，不包括匿名化处理后的信息。在第二十八条又进一步明确了敏感个人信息的范围：敏感个人信息是一旦泄露或者非法使用，容易导致自然人的人格尊严受到侵害或者人身、财产安全受到危害的个人信息，包括生物识别、宗教信仰、特定身份、医疗健康、金融账户、行踪轨迹等信息，以及不满十四周岁未成年人的个人信息。本案中涉及的指纹识别、人脸识别等生物识别信息都显然属于敏感个人信息的范围。

第二，个人信息的处理原则。个人信息的处理包括个人信息的收集、存储、使用、加工、传输、提供、公开、删除等。处理个人信息的，应当遵循合法、正当、必要的原则，且不得通过误导、欺诈、胁迫等方式处理个人信息。（一）处理个人信息需要征得该自然人或者其监护人同意，但是法律、行政法规另有规定的除外；（二）处理个人信息需要公开处理信息的规则；（三）处理个人信息需要明示处理信息的目的、方式和范围；（四）处理个人信息需要不违反法律、行政法规的规定和双方的约定。敏感个人信息属于个人信息的范畴，更须遵守以上规则。

第三，个人信息保护的法律发展。目前，关于个人信息保护的法律法规已经较为完备，其中涉及人脸识别等敏感个人信息的规范主要包括以下内容：《民法典》人格权编中有大量的条款是专门规范这一方面，明确将人脸信息为代表的生物识别信息纳入个人信息的保护范畴，并明确了处理原则；《个人信息保护法》将此纳入敏感信息的范畴加以保护。《网络安全法》（2016年）第四十一条规定，网络运营者收集、使用个人信息，应当遵循合法、正当、必要的原则，公开收集、使用规则，明示收集、使用信息的目的、方式和范围，并经被收集者同意。网络运营者不得收集与其提供的服务无关的个人信息，不得违反法律、行政法规的规定和双方的约定收集、使用个人信息，并应当依照法律、行政法规的规定和与用户的约定，处理其保存的个人信息。《数据安全法》（2021年）第三十二条规定，任何组织、个人收集数据，应当采取合法、正当的方式，不得窃取或者以其他非法方式获取数据。法律、行政法规对收集、使用数据的目的、范围有规定的，应当在法律、行政法规规定的目的和范围内收集、使用数据。《网络数据安全管理条例》（征求意见稿）第二十五条规定，数据处理者利用生物特征进行个人身份认证的，应当对必要性、安全性进行风险评估，不得将人脸、步态、指纹、虹膜、声纹等生物特征作为唯一的个人身份认证方式，以强制个人同意收集其个人生物特征信息。《信息安全技术个人信息安全规范》（2020年修订）也着重强调了生物识别信息的安全要求。

通过以上法律法规，我们可以了解到，我们正逐步构建一个完整、实用的人脸识别安全体系，从而保障个人生物识别信息的安全。

5. “典”亮美好生活

《民法典》人格权第一千零三十四条第一款关于个人信息的规定，尤其是其中涉及人脸识别等生物识别信息、敏感个人信息的规定，对当前个人信息保护的促进，对司法实践层面更好地推进个人信息保护的落实，有效治理网络侵权行为都会带来积极的作用。

在国内，人脸识别技术已经被广泛推广运用在社会的很多层面，例如金融、电商、安防以及各种经营场所，中国是世界上人脸识别技术发展和运用最快的国家。人脸信息属于敏感个人信息中的生物识别信息，是生物识别信息中社交属性最强、最易采集的个人信息，具有唯一性和不可更改性，一旦泄露将对个人的人身和财产安全造成极大危害，如易导致“被贷款”“被诈骗”和隐私权、名誉权被侵害等问题，甚至还可能威胁公共安全，已成为全球关注的热点。《民法典》的这一规定及其后的专门立法，系统地构建了我国个人信息保护的法律制度，对促进我国人格权的发展与保护起到了良好的促进作用。

案例三十五　社交媒体沟通　尊重个人隐私

1. 基本案情[①]

原告陆某于2021年5月20日向被告广州某某商贸有限公司寄送了《被迫离职通知书》。被告于2021年5月25日在其公司微信工作大群发布了《关于对市场部陆某擅自脱岗的通报》，其中公示了原告的身份证号码、家庭住址、身份证住址、母亲电话、妻子电话等各项隐私，同时多次拨打原告母亲及妻子电话，造成骚扰。原告以被告侵犯隐私权为由诉至法院。

2. 判决结果

法院经审理认为，根据《中华人民共和国民法典》第一千零三十四条的规定，本案中被告在其公司名为“日常事务沟通反馈群”的微信群中先后发布的《关于对市场部陆某擅自脱岗

① 案例来源：广东省广州市白云区人民法院（2021）粤0111民初20124号陆某、广州某某商贸有限公司隐私权纠纷民事一审民事判决书。

的通报》《催告函》中所载明的原告本人手机号码、身份证号码、身份证地址和家庭地址均为原告的个人信息，且均为原告不愿为他人知晓的私密信息，原告对此享有隐私权。

关于被告是否侵犯原告隐私权的问题，被告因与原告存在劳动争议需向原告发送书面函件，可按照相关劳动法律法规的规定，直接向原告本人发送；即便因工作需要在公司内部公开相关函件内容，也应当对其中包含的原告本人手机号码、身份证号码、身份证地址和家庭地址等个人私密信息进行有效的遮蔽处理，确保这些个人隐私不被他人知晓。但被告在未征得原告同意的情况下，未作有效遮蔽处理即在上述微信群中公开发布包含原告上述个人私密信息的函件，已超出合理范畴，不具有合法性、正当性和必要性，侵犯了原告的隐私权，应承担相应的侵权责任。

3. 关联法条

《中华人民共和国民法典》

第一千零三十四条　自然人的个人信息受法律保护。

个人信息是以电子或者其他方式记录的能够单独或者与其他信息结合识别特定自然人的各种信息，包括自然人的姓名、出生日期、身份证件号码、生物识别信息、住址、电话号码、电子邮箱、健康信息、行踪信息等。

个人信息中的私密信息，适用有关隐私权的规定；没有规定的，适用有关个人信息保护的规定。

4. 法典微讲堂

本案争议的焦点在于被告在公司微信群公开原告的身份证号码等信息是否侵犯了原告的隐私权？

第一，隐私权的概念和特征。根据《民法典》第一千零三十四条第二款的规定，隐私是自然人的私人生活安宁和不愿为他人知晓的私密空间、私密活动、私密信息。

《民法典》中没有对隐私权的概念进行明确规定，学理上一般认为隐私权是指自然人享有的对自己的个人信息、个人空间和个人活动进行支配并排除他人干涉的一种人格权。隐私权具有下列特征：（1）专属性；（2）秘密性；（3）可放弃性。

第二，规制隐私权的法律规定。从我国的法律规定来看，与隐私权相关的法律规定主要有以下内容：《宪法》（2018 修正）第三十八条规定，中华人民共和国公民的人格尊严不受侵犯。禁止用任何方法对公民进行侮辱、诽谤和诬告陷害。第三十九条规定，中华人民共和国公民的住宅不受侵犯。禁止非法搜查或者非法侵入公民的住宅。第四十条规定，中华人民共和国公民的通信自由和通信秘密受法律的保护。除因国家安全或者追查刑事犯罪的需要，由公安机关或者检察机关依照法律规定的程序对通信进行检查外，任何组织或者个人不得以任何理由侵犯公民的通信自由和通信秘密。《刑事诉讼法》（2018 修正）第五十四条规定，对涉及国家秘密、商业秘密、个人隐私的证据，应当保密。《民事诉讼法》（2017 修正）第六十八条规定，证据应当在法庭上出示，并由当事人互相质证。对涉及国家秘密、商业秘密和个人隐私的证据应当保密，需要在法庭出示的，不得在公开开庭时出示。第一百三十四条规定，人民法院审理民事案件，除涉及国家秘密、个人隐私或者法律另有规定的以外，应当公开进行。离婚案件，涉及商业秘密的案件，当事人申请不公开审理的，可以不公开审理。第一百五十六条规定，公众可以查阅发生法律效力的判决书、裁定书，但涉及国家秘密、商业秘密和个人隐私的内容除外 。《基本医疗卫生与健康促进法》（2019 年）第三十三条规定，公民接受医疗卫生服务，应当受到尊重。医疗卫生机构、医疗卫生人员应当关心爱护、平等对待患者，尊重患者人格尊严，保护患者隐私。《未成年人保护法》（2020 修正）第三十九条规定，任何组织或者个人不得披露未成年人的个人隐私。对未成年人的信件、日记、电子邮件，任何组织或者个人不得隐匿、毁弃；除因追查犯罪的需要，由公安机关或者人民检察院依法进行检查，或者对无行为能力的未成年人的信件、日记、电子邮件由其父母或者其他监护人代为开拆、查阅外，任何组织或者个人不得开拆、查阅。第六十九条规定，侵犯未成年人隐私，构成违反治安管理行为的，由公安机关依法给予行政处罚 。《民法典》中涉及隐私权保护的法律条款较多，如第一百一十条、第九百九十条、第一千零三十二条 、第一千零三十四条、第一千零三十九条、第一千二百二十六条等。以上法律法规，基本构建了我国法律对隐私权保护的法律体系。

第三，隐私权的内容 。根据《民法典》的规定，隐私权的内容包括：

（1）私人生活安宁权。私人生活安宁权主要是强调私人对其私生活享有不受他人非法打扰、非法干涉、非法窥视的权利，这是隐私权的核心内涵。

（2）私人秘密不为他人知晓的权利。私人秘密不为他人知晓的权利是指自然人对其私密空间、私密活动、私密信息等享有的保密、不为他人知晓、不受他人非法披露和干涉的权利。

根据《民法典》第一千零三十三条的规定，除法律另有规定或者权利人明确同意外，任何组织或者个人不得实施下列行为：以电话、短信、即时通讯工具、电子邮件、传单等方式侵扰他人的私人生活安宁；进入、拍摄、窥视他人的住宅、宾馆房间等私密空间；拍摄、窥视、窃听、公开他人的私密活动；拍摄、窥视他人身体的私密部位；处理他人的私密信息；以其他方式侵害他人的隐私权。

第四，隐私权的适用范围。

（1）隐私权的主体只能是自然人，不包括法人，法人的秘密一般属于商业秘密，而非自然人的人格尊严。

（2）隐私权的客体包括私人生活安宁，以及不愿为他人知晓的私密空间、私密活动、私密信息。本案中，被告在未征得原告同意的情况下，擅自将包括原告个人私密信息的函件在公司微信群里进行发布，不具有合法性、正当性和必要性，侵犯了原告的隐私权，应承担相应的侵权责任。

（3）隐私权的保护范围受公共利益的限制。在特定情形下，公权力可以根据法律程序的规则介入私生活的领域 。

5.“典”亮美好生活

《民法典》人格权第一千零三十四条第二款主要是在个人信息保护中，对隐私权的特别保护。在当前的信息社会，由于网络的普及、大数据的发展、新技术的使用等给人们的生活带来了便捷、带来福祉的同时，也对个人隐私安全带来了巨大威胁。在我们享受快递、外卖、第三方支付等带给我们便利的时候，个人信息保护意识的缺乏等都使个人的信息时常存在外泄的风险，从而使每个人都遭受着隐私泄露的威胁，这也是当前法律在保护个人信息权利、隐私权利时遭遇到的最严峻的挑战。在信息、数据、高科技爆炸的时代，隐私的保护比以往任何时候都更为重要，这既是人们对美好生活的追求的反映，也是社会和谐安定的需要，隐私权正成为一项意义彰显、作用突出的民事权利。《民法典》这一规定也是对人们这一需求的很好的回应。

案例三十六　定义肖像权　守护我们的“脸面”

1. 基本案情[①]

演艺明星易某某，是中国内地知名男演员、歌手、舞者，在多个领域获得过多个奖项，为多个知名品牌进行商业代言。2021 年 1 月 21 日，某生物科技公司在其运营的微信公众号发布一篇商业推广文章，宣称公司即将迎来一名神秘“蓝朋友”，从各个方面对其进行了介绍，配了一张人物肖像剪影图片，并公布了三个关于“蓝朋友”的身份线索，随后该文章的精选留言区有大量留言，均提到“易某某”及其昵称。原告易某某认为该生物科技公司侵犯其肖像权、姓名权，遂诉至法院要求其立即撤下并销毁相关线下宣传材料、公开赔礼道歉，并赔偿经济损失。

① 案件来源：四川省成都市高新技术产业开发区人民法院（2021）川 0191 民初 10252 号易某某诉某生物科技有限公司姓名权纠纷民事一审民事判决书。

2. 判决结果

法院认为，肖像权、姓名权，都是民事主体的外在表征，彰显民事主体的社会存在，是民事主体依法享有的具体人格权，任何组织或个人不得侵害。本案中，被告在没有取得合法授权情况下，擅自使用了原告的肖像和姓名，构成对原告侵权。第一，案涉文章中的肖像剪影与原告本人照片高度相似，即便被告对原告照片进行了加工处理，无法看到完整的面部特征，但剪影所展现的面部轮廓（包括发型）仍具有原告的个人特征，属于原告的外部形象；通过人物特征“精准画像”的文字描述，大大加强了该肖像剪影的可识别性；留言部分可印证剪影的可识别性并具有诱导性。“肖像剪影 + 人物特征描述 + 精选留言”模式具有明显的可识别性，因此构成对原告肖像权的侵权。第二，案涉文章的留言系经过被告精选后展示，变相地使用了原告名字，使得原告与被告文章中提及的神秘“蓝朋友”产生了明显的对应关系，因此构成了对原告姓名权的侵权。第三，本案中被告基于商业目的在没有取得合法授权情况下擅自使用了原告肖像和姓名，构成侵权，应承担相应的赔偿责任。据此，依照《中华人民共和国民法典》第九百九十八条、第一千零一十四条、第一千零一十八条、第一千零一十九条，《中华人民共和国民事诉讼法》第六十四条之规定，判决如下：一、被告应在本判决生效之日起三十日内在人民法院报以及其运营的微信公众号上分别刊登（发布）向原告公开赔礼道歉的声明；二、被告应在本判决生效之日起十日内向原告支付经济损失合计 10 万元。

3. 关联法条

《中华人民共和国民法典》

第一千零一十八条　自然人享有肖像权，有权依法制作、使用、公开或者许可他人使用自己的肖像。

肖像是通过影像、雕塑、绘画等方式在一定载体上所反映的特定自然人可以被识别的外部形象。

第一千零一十九条　任何组织或者个人不得以丑化、污损，或者利用信息技术手段伪造等方式侵害他人的肖像权。未经肖像权人同意，不得制作、使用、公开肖像权人的肖像，但是法律另有规定的除外。

未经肖像权人同意，肖像作品权利人不得以发表、复制、发行、出租、展览等方式使用或者公开肖像权人的肖像。

4. 法典微讲堂

本案争议的焦点在于：该生物科技公司是否侵犯易某某的姓名权以及肖像剪影是否侵犯其肖像权。民法典第九百九十条规定，人格权指的是民事主体对其生命、身体、健康、姓名、名称、肖像、名誉、荣誉、隐私等特定人格享有的权利，它是“人”所享有的最基本、最重要的权利，以保障人身自由和人格尊严。其中，肖像权是人格权的重要组成部分。

《民法典》第一千零一十八条对肖像进行了明确的定义：肖像是通过影像、雕塑、绘画等方式在一定载体上所反映的特定自然人可以被识别的外部形象。“载体反映”“可识别性”“外部形象”三要素构成了对肖像的明确界定，其中，“可识别性”更是判断是否为肖像的关键。本案中，虽然该生物科技公司对明星易某某的照片进行了加工，但剪影所展现的面部轮廓（包括发型）仍具有原告的个人特征，加上商业推文中从主演超过十亿票房的电影、考入中央戏剧学院表演系等方面对人物特征进一步精准描述，留言区还精选了读者对易某某及其昵称的留言，这三种方式的结合，让易某某的剪影成为具备可识别性的个人外部形象，即其肖像。

《民法典》第一千零一十九条第二款规定，未经肖像权人同意，肖像作品权利人不得以发表、复制、发行、出租、展览等方式使用或者公开肖像权人的肖像。无论是个人还是经营者，未经肖像权人同意，无论使用肖像的目的是营利还是非营利，除了合理使用外，都可能侵犯肖像权。因此，本案中该生物科技公司，基于商业目的，在没有取得易某某合法授权情况下，擅自使用了其肖像和姓名，构成侵权，应承担公开赔礼道歉及经济损失的赔偿责任。

5.“典”亮美好生活

《民法典》颁布后，人格权独立成编作为一大亮点，其中对于肖像权保护的规范更为系统和充实，彰显了法律对于人的尊重与保护。《民法典》首次针对肖像的概念和内容进行了明确界定；删除了原本“以盈利为目的”才构成侵权的限制；增加了“丑化、污损”肖像的侵权形式；规定了未经肖像权人同意，不得“制作、使用、公开”肖像；规定了个人学习、艺术欣赏、课堂教学或科学研究、新闻报道、国家机关依法履职、展示特定公共环境及维护公共利益等合理使用肖像权的情形。

随着社会发展和科学技术的进步，肖像越来越容易被获取，肖像被他人以非法利用等手段进行侵害的情形越来越多。其中明星艺人因其较高的知名度和商业价值，其肖像往往会被非法利用，甚至还有商家特意进行加工处理，以此来逃避法律责任。那么，明星肖像该怎么用才合法？获得授权是前提和关键。因此有必要签订正式的肖像许可协议，在合同中以列举细化的方式明确约定允许使用的具体权利范围，避免在履约中产生争议。

普通民众的肖像权同样受到法律的保护，无论是否以营利为目的，我们的肖像都不得被丑化、被污损，未经同意，又不符合合理使用的情形，其他人都不得制作、使用及公开我们的肖像。如果肖像权被侵犯，我们可以要求对方停止侵害、消除影响、恢复名誉、赔礼道歉及赔偿损失。

案例三十七　安装可视门铃　不得侵犯他人隐私

1. 基本案情[①]

姚某与潘某住宅相邻，分别为1002室和1001室。两门之间最近距离仅有156厘米，姚某在1002室门口安装了可视门铃，该可视门铃的监控及摄录范围可覆盖潘某住宅1001室的门口位置。如潘某房门敞开，潘某房屋内部门口位置的物品陈设情况及人员活动信息也在该可视门铃的监控及摄录范围内。潘某认为姚某在现有位置安装可视门铃对自己的隐私权造成了现实威胁，双方因此发生多次争吵，最终潘某诉至法院，主张姚某拆除该可视门铃，并删除可视门铃中与其相关的所有影视资料。

2. 判决结果

法院经审理认为，本案中潘某在其

① 案件来源：江苏省无锡市中级人民法院（2019）苏02民终5307号姚某与潘某相邻损害防免关系纠纷二审民事判决书。

住宅内的活动以及进出住宅的信息属于隐私权保护的范围。姚某安装的可视门铃部分视角可以拍摄到潘某住宅的门口，潘某进出住宅的活动信息存在被该可视门铃摄录的可能，因此该门铃能够自动摄录、存储、完整获悉潘某等1001室住户日常进出的全部信息。且案涉房屋本身均已安装安全防盗门，房屋所在单元楼一楼入户大厅处亦安装了监控探头，在此情况下，姚某在1002室门口再行安装带有摄录、存储功能的可视门铃已非必要。姚某为保护自身人身及财产安全，在其所属的1002室门口安装该可视门铃，未能尽到妥善注意义务，导致行为超出了合理限度，具有过错，构成了对潘某的侵权。据此法院判决姚某拆除安装在1002室入户门外的可视门铃，并删除该可视门铃记录的与潘某有关的所有影像资料。

3. 关联法条

《中华人民共和国民法典》

第一千零三十二条　自然人享有隐私权。任何组织或者个人不得以刺探、侵扰、泄露、公开等方式侵害他人的隐私权。

隐私是自然人的私人生活安宁和不愿为他人知晓的私密空间、私密活动、私密信息。

第一千零三十三条　除法律另有规定或者权利人明确同意外，任何组织或者个人不得实施下列行为：

（一）以电话、短信、即时通讯工具、电子邮件、传单等方式侵扰他人的私人生活安宁；

（二）进入、拍摄、窥视他人的住宅、宾馆房间等私密空间；

（三）拍摄、窥视、窃听、公开他人的私密活动；

（四）拍摄、窥视他人身体的私密部位；

（五）处理他人的私密信息；

（六）以其他方式侵害他人的隐私权。

4. 法典微讲堂

本案争议的焦点在于：第一，姚某安装和使用案涉可视门铃是否侵犯了潘某的隐私权；第二，姚某在其入户门口安装并使用带有摄录、存储功能的可视门铃是否确有必要。

《民法典》第一千零三十二条对自然人的隐私权进行了明确的定义，隐私是指自然人的私人生活安宁和不愿为他人知晓的私密空间、私密活动、私密信息。其中，“私人生活安宁”是隐私保护中的“安宁权”，即个人生活不受他人非法侵扰，包括不被打扰、监视、跟踪、骚扰等正常生活安宁；也包括不被噪音、烟尘或各种环境污染的住宅安宁。此外，“私人秘密不为他人知晓”也是隐私权的保护范围，包括不愿为他人知晓的私密空间、私密活动、私密信息。比如生活住宅、私家车内部、宾馆房间、甚至个人日记及网络虚拟空间等私密空间；又或者虽在公共场所，但亲友见面、朋友聚餐等不愿意向他人公开的私密活动；还涉及生理、身体、健康、财产、个人经历、住址行程、宗教信仰等私密信息，都属于自然人隐私，核心就在于“不公开”和“私密性”。

法律规定任何组织或者个人不得以刺探、侵扰、泄露、公开等方式侵害他人的隐私权。《民法典》第一千零三十三条列明了禁止侵害他人隐私权的具体行为，其中第二项是对公民私密空间的隐私权保护，除法律、行政法规另有规定或者得到当事人允许的，任何人不得进入、窥视、拍照他人的住宅、宾馆房间等私密空间，禁止的是“进入”“窥视”“拍照”私人空间的侵权行为，至于窥视和拍照行为本身是否在私密空间进行，并不影响对该侵权行为的认定。

本案中，姚某安装的可视门铃虽然位于自己家门口，但其监控的范围包括了潘某的私密空间，既能拍摄到潘某住宅 1001 室的门口位置，如潘某房门敞开，也能监控到潘某房屋内部门口位置的物品陈设情况及人员活动信息。而潘某在其住宅内的活动以及进出住宅的信息都属于其私密空间，属于潘某的隐私权，受法律保护。虽然姚某的行为出于自我防范的考虑，但案涉房屋本身均已安装安全防盗门，房屋所在单元楼一楼入户大厅处亦安装了监控探头，姚某再行安装带有摄录、存储功能的可视门铃已经超出必要限度，且构成对潘某隐私权的侵犯。根据《民法典》第一千零三十三条第二项的规定，潘某有权请求禁止该侵权行为。

5.“典”亮美好生活

在熟人社会里，邻里之间关系紧密，生活环境相对透明，虽然人们也有一些不愿意告诉别人的事儿，但并没有隐私的概念和保护隐私的意识。随着社会文明程度的提高，人格独立和主体性越来越得到广泛的认可，个人的私密信息、生活安宁和人身财产安全一样，成为社会公民得以安全生存和持续发展的基本条件。现代科技与信息网络的发达，犹如一把双刃剑，在给社会带来巨大经济利益和社会便利的同时，也对个人隐私构成日益严重的威胁，隐私权的保护应运而生。隐私权作为人格权中的独立一种，标志着社会文明的发展与进步。

《民法典》在人格权编中专章规定了“隐私权和个人信息保护”，明确“隐私”定义，以列举加兜底的立法方式，对侵害自然人隐私权的行为进行规制，开启了个人隐私保护的法治新时代，充分回应了当前社会的民心所向，真正体现了法典的为民情怀。尊重隐私就是尊重社会公德。我们在自由行使权利的同时，也应尽妥善的注意义务，不能非法窥视监视他人私生活或随意披露他人的私密信息；我们可以关爱他人，友善助人，但不能妄自打听、搬弄是非、揭露隐私、甚至肆意传播。这不仅是现代社会的基本为人之道，也是现代社会构建和谐人际关系的基础。

日常生活中，我们要有保护自己隐私权的意识，管理好涉及隐私的物品；不要轻信别人而随意泄露自己的秘密；在知道自己隐私权受到侵害时，及时留存好证据，要求被侵权人停止侵害，恢复名誉，消除影响，赔礼道歉等，如果财产因此受到损害的，还可以要求侵权人赔偿损失。

案例三十八　保护个人信息　维护个人安全

1. 基本案情[①]

程某因感冒，到某村卫生室就诊，程某将其本人、丈夫、儿子、女儿四人的医保卡交给该卫生室的负责人刷卡，该卫生室在录入信息时将程某等四人的疾病名称错误填录为“急性丁型病毒性肝炎”，并将其信息泄露给该地人寿保险公司。

后来程某为家人购买人寿保险，并将家人个人信息提交保险公司，保险公司告知，因程某及其家人均患有“急性丁型病毒性肝炎”，所以无法购买保险。程某要求该市医疗保障事务中心出具四份《证明》，证明其家人没有患“急性丁型病毒性肝炎”，没有该病的报销记录和用药记录。程某将卫生室诉至法院，请求法院判决卫生室赔礼道歉，并澄清、修正医疗保障

① 案件来源：重庆市开州区人民法院民事判决书（2020）渝0154民初5749号程某等与开县长沙镇桔香村卫生室侵权责任纠纷案。

系统记录的错误事实。

2. 判决结果

法院审理认为，卫生室在未进行充分诊断的基础上，将程某等四人的疾病录入为病毒性肝炎，给程某等四人带来一定的不利后果，由于医疗保障事务中心表示，2014年录入系统中的数据现在无法再进行修改，因此卫生室应当承担侵权责任，在媒体上公开赔礼道歉。

3. 关联法条

《中华人民共和国民法典》

第一千零三十五条　处理个人信息的，应当遵循合法、正当、必要原则，不得过度处理，并符合下列条件：

（一）征得该自然人或者其监护人同意，但是法律、行政法规另有规定的除外；

（二）公开处理信息的规则；

（三）明示处理信息的目的、方式和范围；

（四）不违反法律、行政法规的规定和双方的约定。

4. 法典微讲堂

本案争议的焦点在于：个人信息的获取和保存机构在个人信息保护方面具有什么职责？要说清楚这一点，我们先要说说个人信息泄露的危害和个人信息如何被泄露的。

（1）为什么要保护个人信息？个人信息指的是个人的姓名、性别、电话、住址、甚至银行卡号码等信息。这些信息一旦泄露之后，危害特别大。首先，别人一旦掌握了你的信息，比如银行卡和密码，或者网上支付的账号和密码，就很容易盗窃你的钱财，就像家门没有上锁一样，其他人进来后随便就能把东西搬走。其次，别人了解了你的信息之后，也很容易利用其中的一些敏感信息进行欺骗和敲诈活动，比如某大学生入学前，接到学校要求提前支付学费的电话，其实是骗子打来的，骗子知道该学生的所有信息，大学生照电话的要求汇款，被骗一万元，该学生追悔莫及。

（2）个人信息是怎么泄露的呢？个人信息的泄露有很多原因。虽然有一些是黑客攻击导致的，但也有很多其实是受害人自己或者掌握个人信息的企业造成的。

黑客攻击的常用的方式主要有以下几种：首先是网络钓鱼。这是指攻击者大量发送声称来自银行或其他机构的欺骗性垃圾邮件，比如“请确认您的账号”或者“核对您的账单信息”，引诱收信人给出敏感信息（如银行卡、用户名、密码）。其次是暴力破解攻击。攻击者通过一个个尝试的方法，猜出账户的密码，如果用户设置的密码比较简单，那么几秒钟就能猜出来。再次是恶意软件，比如病毒、蠕虫、特洛伊木马、逻辑炸弹、间谍软件、广告软件和垃圾邮件。黑客能借助这些程序，在网络上控制他人的电脑，这样一来电脑上的各种文件、账号、密码就毫无安全可言了。

受害人自己泄露信息的情形指的是，许多电脑和手机的使用者把密码设置得过于简单，或者干脆没有设密码。有的使用者在公共场合接入一些未知的网络，这也很容易导致个人信息泄露。还有一些最新的程序和软件往往没有经过安全测试就投入使用，这也容易导致个人信息泄露。最后也有一些使用者的软件没有更新，电脑系统没有升级，没有装杀毒软件，这些行为都有可能导致信息安全隐患。

获取或掌握了个人信息的企业和商家的行为也容易导致个人信息的泄露。这些泄露有的是故意的，比如买卖个人信息，有的则是安全防范没做到位，被黑客攻击导致的。黑客攻击是刑法重点防范的对象，而《民法典》所重点防范的是企业和商家对个人信息的泄露。

（3）个人信息的收集和保存者的义务。《民法典》第一千零三十五条规定了经营者收集和保护个人信息的几个重要原则。

首先是同意原则。同意原则的意思是企业不能随便收集用户的个人信息，收集个人信息时，必须要征得用户的同意，给用户选择权。当然现在大部分互联网用户，已经习惯于轻易地同意企业对个人信息的收集了，因为如果不同意，就无法正常使用该网站和软件。但无论如何，用户的同意是商家收集个人信息的前提，在征得同意时，企业还要公布和告知收集个人信息的目的和规则等内容。

其次是必要性原则。企业处理个人信息，既要同意，也要符合必要性原则。必要性是指，如果没有必要收集个人信息，就不能收集个人信息。《App违法违规收集使用个人信息行为认定办法》（2019年11月28日起实施）第四条规定了可被认定为“违反必要原则，收集与其提供的服务无关的个人信息”的行为。

最后是合法正当诚信原则。处理个人信息应当遵循合法、正当、诚信原则，不得通过误导、欺诈、胁迫等方式处理个人信息。任何组织、个人不得非法收集、使用、加工、传输他人个人信息，不得非法买卖、提供或者公开他人个人信息；不得从事危害国家安全、公共利益的个人信息处理活动。

了解了个人信息的重要性和泄露风险，以及企业在个人信息收集和保存上的义务之后，我们来看看本案中的医疗机构违背了《民法典》的哪些规定。本案中的卫生室，不但收集了个人医疗信息，而且还错误地登记了该信息，并将其泄露给保险公司，所以卫生室登记个人医疗信息的行为，违反了《民法典》第一千零三十五条的个人信息收集的同意原则、必要性原则和正当性原则。

5.“典”亮美好生活

《民法典》第一千零三十五条规定了企业在收集、处理个人信息方面的义务，为个人信息保护提供了一道重要的屏障。但对于个人来说，增强防范意识也是非常重要的。以下一些方面需要每个互联网用户注意：其一要认真对待自己的个人信息，不贪图便宜和方便，随便同意他人获取自己的个人信息。不在公共场所随意连接未知无线网络，不在朋友圈公开自己的重要个人信息，谨慎上传身份证件照片等，快递单据消除个人信息后再丢弃。其二升级电脑、手机、软件，提升个人信息保护的级别。比如及时为软件或系统打补丁；为电脑和手机设置高等级的密码；并使用密码管理软件管理密码；尽量使用企业级别的 vpn 服务或者反病毒软件。

案例三十九　掌握个人信息　负有保障义务

1. 基本案情[①]

孟某在某人寿保险公司投保了一份终身人寿保险，签订了保险合同一份。不久一个微信名为王某的陌生人给孟某发送了一个短信，短信准确说出了孟某的姓名、年龄等信息，并诱导孟某在王某处投保；孟某向保险公司投诉此事，经保险公司调查，该公司员工王某通过非法途径，获取了孟某的隐私和个人信息，并向王某泄露了原告的上述信息。孟某于是向法院起诉该保险公司。

2. 判决结果

法院认为，原告孟某向被告某人寿保险公司投保时，提供了自己的姓名、身份证号码、电话号码、家庭住址等信息，属于私密信息，原告对此享有

① 案件来源：河南省安阳市文峰区人民法院民事判决书（2021）豫0502民初3834号孟某、中国某人寿保险股份有限公司等隐私权纠纷民事一审民事判决书。

隐私权，被告作为该信息的保管者，对该信息负有保密义务，被告方工作人员王某通过非法途径，获取并泄露了原告的隐私及个人信息，该公司作为雇主应当承担侵权责任，故被告某人寿保险公司应该停止侵害原告孟某的个人隐私并赔礼道歉。

3. 关联法条

《中华人民共和国民法典》

第一千零三十八条　信息处理者不得泄露或者篡改其收集、存储的个人信息；未经自然人同意，不得向他人非法提供其个人信息，但是经过加工无法识别特定个人且不能复原的除外。

信息处理者应当采取技术措施和其他必要措施，确保其收集、存储的个人信息安全，防止信息泄露、篡改、丢失；发生或者可能发生个人信息泄露、篡改、丢失的，应当及时采取补救措施，按照规定告知自然人并向有关主管部门报告。

4. 法典微讲堂

本案争议的焦点在于：企业和商家对自己获取的个人信息具有哪些义务？他们是否应该为员工泄露消费者个人信息的行为负责任？就此而言，法律规定企业或商家在防止信息泄露方面的责任主要有：

（1）禁止转让信息。前面一节说的是企业在获得个人信息之前，不能随意收集个人信息，这里说的是企业得到个人信息之后，不能故意泄露、篡改和转让公民的个人信息，比如将个人信息有偿或者无偿地转让给其他人。不过这里有一条特别的地方，如果个人信息经过处理后，让人无法识别具体是什么人的信息，那么这时候转让是允许的。这就要说到个人信息的去个人化利用。

（2）个人信息的去个人化利用。个人信息的去个人化利用是为了调和公民对个人信息的独占权和更好地发挥大数据在经济发展中的作用之间的矛盾而设置的一项制度。个人信息的去个人化，是指将个人信息做一些处理，让人无法看出这些个人特征关系到哪个具体的人。

比如张某某爱好打篮球，李某某爱好弹吉他，为了经济的发展，某些企业可能要统计多少人爱打篮球，多少人爱弹吉他，这时候我们就可以通过处理，将张某某、李某某的名字隐去，只显示有一个人爱打篮球，有一个人爱弹吉他，这样企业既能够统计到爱打篮球的人和爱弹吉他的人有多少，又不会知道具体是谁爱打篮球，谁爱弹吉他，这么做就能达到大数据经济和个人信息权之间的平衡。

（3）妥善保管个人信息。此外，信息持有者有义务采取措施防止个人信息的遗失，或者被他人窃取，更要防止篡改个人信息。泄露、篡改是企业故意造成的，而丢失则是由于企业不注意防范或者过失引起的。总之，无论是故意还是过失，只要将个人信息透露给其他人，都是违法行为。

（4）个人信息泄露后的补救和报告。最后该条文还规定，发生或者可能发生个人信息泄露、篡改、丢失等情况的，企业应当及时采取补救措施，比如提高数据的安全级别，防止进一步泄露。并及时向有关部门报告，请公安机关帮助追回被泄露的个人信息，或者打击窃取个人信息的行为。此外还应该告知自然人提高防范，防止人身财产的损失。

介绍了《民法典》一千零三十六条的规定之后，我们就可以更好地理解本案的法院判决。在本案中，原告孟某向被告某人寿保险公司投保时，提供了自己的姓名、身份证号码、电话号码、家庭住址等信息，这些信息不仅仅是一般的个人信息，是涉及个人私密的、鲜为人知的隐私。被告保险公司作为该信息的保管者，有义务妥善保管原告的这些信息，但是该公司却让其工作人员能够轻易获取该信息，并随意向他人泄露，甚至可能买卖原告的个人隐私和信息。该公司负有严重的管理不善的责任，因此法院才判决被告某人寿保险公司，停止侵害原告的个人隐私和个人信息，并且赔礼道歉。该判决很好地落实了《民法典》有关个人信息保护的规定，给持有个人信息的企业敲响警钟。

5. “典”亮美好生活

前文中《民法典》的相关条款，为企业设置了严格的个人信息保护义务。个人信息泄露是多方面因素引起的，违法犯罪分子有责任，他们非法窃取个人信息、利用个人信息违法犯罪。其次公民个人也有责任，他们疏于防范，不加注意，但获取和保存个人信息的企业的责任也不可小视。法律对拥有雄厚经济实力，具有大量高技能人才的企业，提出了更高的要求，希望他们能做个人信息保护的先行者，做好个人信息保护的屏障。

但同时该条款也兼顾了大数据经济的发展。大数据是企业汇集个人信息而形成的庞大的数据库，它能够提升国家、企业解决经济社会问题的能力。比如公民的个人出行数据，特别是通过地图软件搜索形成的不同人的出行意愿，能让地图软件提前知道哪些路段、哪些时间更容易堵车，从而建议出行人避开拥堵。因此有人说，信息就是黄金。所以法律允许企业在合法必要正当的情况下有条件地收集各种个人信息，同时个人信息的收集和保存者有义务保护个人信息不被泄露、篡改、利用，从而保护个人的人身、财产利益不被损害。

案例四十　个人离婚信息　政府不予公开

1. 基本案情①

徐某通过网络在线方式向某市的民政局申请政府信息公开，请求该民政局向其公开某离婚者的姓名、性别、年龄、住址、手机号码的政府信息。该市民政局收到申请后，做出《政府信息公开申请告知书》，决定不予公开，理由是徐某要求公开的信息涉及个人隐私，信息公开后会损害第三方合法权益。徐某不服，向该市人民政府申请行政复议。该市人民政府经审查后，维持了民政局的决定，徐某不服又继续向法院提起诉讼。

2. 判决结果

法院认为，《中华人民共和国民法典》第一千零三十九条规定：“国家机关、承担行政职能的法定机构及

① 案件来源：浙江省玉环县人民法院（2021）浙1021行初10号徐某与玉环市民政局、玉环市人民政府行政监察一审行政判决书。

其工作人员对于履行职责过程中知悉的自然人的隐私和个人信息，应当予以保密，不得泄露或者向他人非法提供”，《中华人民共和国政府信息公开条例》第十五条规定：“涉及商业秘密、个人隐私等公开会对第三方合法权益造成损害的政府信息，行政机关不得公开”，离婚者的婚姻登记信息姓名、性别、年龄、住址、手机号码，属于个人隐私的一部分，应当属于行政机关不得公开的政府信息，国家机关对于履行职责过程中知悉的自然人的隐私和个人信息，应当予以保密。原告的各项诉讼请求均于法无据，法院依法予以驳回。

3. 关联法条

《中华人民共和国民法典》

第一千零三十九条　国家机关、承担行政职能的法定机构及其工作人员对于履行职责过程中知悉的自然人的隐私和个人信息，应当予以保密，不得泄露或者向他人非法提供。

4. 法典微讲堂

本案争议的焦点在于：原告申请公开的离婚者的姓名、性别、年龄、住址、手机号码是否属于被告玉环市民政局应当公开的政府信息？政府信息和个人信息有什么区别？

关于政府信息，我们可以引用《政府信息公开条例》第二条的规定加以说明，该条款规定：“政府信息，是指行政机关在履行职责过程中制作或者获取的，以一定形式记录、保存的信息。”比如国家的人口是多少，车辆是多少，居民收入情况怎样，住宅面积怎么样。这些信息对于政府管理来说非常重要，因为只有知道了多少人失业，政府才能做好失业救济，知道了有多少儿童，政府好安排学校和教师，知道有多少残疾人，才能设计出多少残疾人设施。

但是，政府获得的这些个人信息，有时候也对企业和个人有价值。比如房地产企业一定想知道目前的人口是多少，多少人拥有房子而多少人没有，这些信息会让他们有条件去做出正确的市场分析。生产奶粉的企业也一样，他们一定想知道每一年有多少婴儿出生，以便于做出正确的市场预测。正因为这些信息非常有用，所以《政府信息公开条例》规定，企业和个人有权要求政府公开某些信息以指导他们从事生产生活。

但是，就像我们前面说过的，政府所知悉的这些信息，很多时候涉及个人的私生活，公开它不仅会泄露个人信息，而且会伤害个人隐私，这些信息一旦被一些非法人员掌握，极有可能如同前文所说的，伤害个人的人身（如生命）和财产安全。所以防止个人信息被不法分子盗用，仍然是一个重要的课题。

《民法典》第一千零三十九条规定，国家机关及其工作人员对于履行职责过程中知悉的自然人的隐私和个人信息，应当予以保密，不得泄露或者向他人非法提供。《政府信息公开条例》第十四条规定，行政机关不得公开涉及国家秘密、商业秘密、个人隐私的政府信息。但是，经权利人同意公开或者行政机关认为不公开可能对公共利益造成重大影响的涉及商业秘密、个人隐私的政府信息，可以予以公开。

总之，关于政府信息和个人信息的关系，我们可以分三个方面来说：第一，政府信息应该公开；第二，涉及个人隐私的政府信息不能公开；第三，如果不公开涉及个人隐私的政府信息，会对公共利益造成重大影响，那么该政府信息还是应该公开。这里最关键的是，个人信息的公开，对公共利益（也包括个人的利益）是否有重大影响，这直接决定着某项涉及个人信息的政府信息是否应该公开。

将这一原理运用到本案之中，我们可以看到，本案的原告希望通过政府信息公开获取某人的离婚信息是不应该的。因为这些信息属于个人信息（甚至是个人隐私），不公开这些政府信息并不会对公共利益造成重大的影响。

5.“典”亮美好生活

我们从《民法典》的这一条款中可以看到，政府在处理个人信息保护和公共利益之冲突时，是希望一碗水端平的，既为了促进公共利益，允许政府收集储存公民的个人信息，甚至向社会和个人公开这些涉及个人信息的政府信息，又想最大限度地保障个人的信息自决权，避免这些信息被不法分子窃取。因为公民的个人信息一旦被泄露，他人就有玷污其名誉，敲诈和窃取其财产的机会。

“一碗水端平”不仅国家和法律要这么做，我们个人也要这样。我们要全面考察一件事，要不偏不倚，不能偏听偏信，不能只知其一不知其二。这是一个成熟的现代人应该具备的品质。

五

婚姻家庭与继承

亲亲以睦　培育家庭美德

案例四十一　忠诚协议自愿履行　产生纠纷不予支持

1. 基本案情[①]

2018年3月，王某与田某经人介绍认识。双方及家长于2018年11月26日签订了《王某入赘田某家订婚协议》。该协议第二条约定：“男女双方任意一方悔婚，都各向对方赔偿精神损失费10万元整。男女双方要遵守道德、互相尊重。如男方婚后有不洁、不轨损害家庭和谐等行为，责任自负，女方即有权将其逐出家门，一切财产归女方所有；如女方有以上行为加倍补偿男方损失。”协议签订后双方登记结婚。婚后因感情不和，双方自愿离婚。2019年4月，王某以合同纠纷为由诉至法院，要求田某按订婚协议赔偿其损失20万元。

2. 判决结果

法院经审理认为，本案案由立案

① 案件来源：陕西省西安市中级人民法院（2021）陕01民终13697号王某、田某婚约财产纠纷民事二审民事判决书。

时为合同纠纷，王某与田某签订的《王某入赘田某家订婚协议》系双方为结婚及婚后共同生活、确保家庭和谐稳定而订立的婚约，案由确定为婚约财产纠纷较为适宜。该协议第二款内容属于“忠诚协议”条款，内容实质上属于情感、道德领域的范畴，是基于双方以结婚为目的而订立，是一种道德约束，并非法定义务，当事人可自愿履行，故该条款不属于《民法典》合同编调整范围。王某以此要求田某承担损失，不符合法律规定，不予支持。依照《中华人民共和国民法典》第一千零四十一条第一款、第一千零四十三条，《中华人民共和国民事诉讼法》第一百四十四条规定，判决驳回原告王某要求被告田某赔偿损失 20 万元的诉讼请求。

3. 关联法条

《中华人民共和国民法典》

第一千零四十三条　家庭应当树立优良家风，弘扬家庭美德，重视家庭文明建设。

夫妻应当互相忠实，互相尊重，互相关爱；家庭成员应当敬老爱幼，互相帮助，维护平等、和睦、文明的婚姻家庭关系。

4. 法典微讲堂

本案争议的焦点在于：该订婚协议中的10万元赔偿约定是否属于《民法典》合同编的调整范围；夫妻之间的忠诚协议是否产生法律上的效力。

第一，根据《民法典》第四百六十四条规定，婚姻、收养、监护等有关身份关系的协议，适用有关该身份关系的法律规定；没有规定的，可以根据其性质参照适用合同编规定。本案中王某与田某为了确保婚姻关系的建立、维系婚后家庭生活的稳定，签订《王某入赘田某家订婚协议》，该协议是双方身份关系的婚约，且婚姻家庭编对协议所涉问题有相关规定，因此该订婚协议中的 10 万元赔偿约定不属于合同纠纷，而属于婚姻家庭编的调整范围，应当确定为婚约财产纠纷。

第二，本案中双方关于精神损失费的赔偿协议，是为保证双方今后在夫妻关系存续期间不违反夫妻忠诚义务而以书面形式所作出的约定，即“夫妻忠诚协议”。最高人民法院在《中华人民共和国民法典婚姻家庭编继承编理解与适用》中明确指出，夫妻之间签订忠诚协议，应由当事人本着诚信原则自觉自愿履行，法律并不禁止夫妻之间签订此类协议，但也不赋予此类协议强制执行力，从整体社会效果考虑，法院对夫妻之间的忠诚协议纠纷以不受理为宜。

一方面，忠诚协议是夫妻双方将道德义务作为与财产进行对等交换的约定，是通过合同的方式来约定道德义务，自然也应当由道德来进行调整。违反协议的一方如果自觉履行，愿意用经济的损失来作为不忠的代价，法律不会禁止；但如果不忠一方不愿意履行，也不会强迫其履行。

另一方面，如果承认忠诚协议具备法律效力，以法之名强制性调整道德，用法律去绑架情感，既有悖于法律精神，也不符合社会公序良俗。而法院对忠诚协议的支持，会导致无过错方为了证明对方的不忠行为，而采取跟踪、窃听、私拆信件等各种侵犯隐私权的行为，对社会负面效应极大；也会鼓励社会民众在婚前或婚内签订“忠诚协议”，以此求得自身的保障，不仅增加了结婚成本，更破坏了婚姻本该有的情感基础和信任。

5. “典”亮美好生活

《民法典》第一千零四十三条是对婚姻家庭的倡导性规定，其中关于“夫妻应当互相忠实”的规定，是不具有强制效力的条款，本身不具备可诉性。这一倡导性规定是用立法来向社会大众明确宣告国家所提倡的婚姻家庭关系，培育家庭美德，将社会主义核心价值观融入法治建设。

夫妻“忠诚协议”不是万能良药，美满的婚姻和幸福的生活，需要我们自己去经营和创造。法律保护每个人的合法权利，但保证不了每个人的生活幸福。不要试图简单地用金钱物质去给婚姻增添砝码，只有发自内心的相互信任，彼此珍惜，才能共同经营一个温暖有爱的家庭。

案例四十二　父母出资婚后买房　签订协议尤为重要

1. 基本案情[①]

伍某、陈某于1999年11月相识相恋。2001年12月，陈某父母出资，以陈某之名从开发商处受让某县A地基，2003年办理了相关建房手续，后伍某、陈某登记结婚。2006年至2007年陈某父母出资建房，在建房期间，得到了伍某父母的帮助，时有看守材料和建房管理，房屋装修好后，伍某居住在该房的三楼。2008年1月，该房屋以陈某之名办理了土地使用权证，房屋所有权也登记在陈某名下。后因双方夫妻感情出现了裂痕，陈某向法院起诉要求与伍某离婚，法院判决准许二人离婚，但当时双方坚持夫妻关系存续期间没有共同财产，因此该房屋在诉讼过程中未做处理。后伍某又向法院起诉，称该房屋属夫妻共同财产，

① 案件来源：湖南省洞口县人民法院（2021）湘0525民再2号伍某、陈某离婚后财产纠纷民事再审民事判决书。

请求法院对该房屋按现有价格平均分割。

2. 判决结果

法院经审理认为，本案系离婚后财产纠纷。因涉案房屋的建设用地使用权由陈某方出资受让，因此，案涉房屋的土地使用权及价值应归陈某个人所有，属陈某的个人财产。但案涉地上房屋是在双方婚姻关系存续期间所建，双方均有出资出力，尽管建房出资的是双方父母，但均未指定归一方所有，故应认定为夫妻共同财产。鉴于双方早已离婚，不宜共同占有房屋，且根据房随地走的原则，案涉房屋应由陈某一方占有使用，对伍某一方享有的房屋价值，宜另案提起给付之诉解决。因此，依照《最高人民法院关于适用〈中华人民共和国民事诉讼法〉的解释》第四百零七条、《中华人民共和国民事诉讼法》第六十四条、第二百条第（二）项、第（六）项，《中华人民共和国婚姻法》第十七条、第三十九条之规定，确认坐落在某县房屋的建设用地使用权属陈某的个人财产，伍某占该房屋价值的30%，陈某占该房屋价值的70%。

3. 关联法条

《中华人民共和国民法典》

第一千零六十二条　夫妻在婚姻关系存续期间所得的下列财产，为夫妻的共同财产，归夫妻共同所有：

（一）工资、奖金、劳务报酬；

（二）生产、经营、投资的收益；

（三）知识产权的收益；

（四）继承或者受赠的财产，但是本法第一千零六十三条第三项规定的除外；

（五）其他应当归共同所有的财产。

夫妻对共同财产，有平等的处理权。

《最高人民法院关于适用〈中华人民共和国民法典〉婚姻家庭编的解释

（一）》

第二十九条　当事人结婚前，父母为双方购置房屋出资的，该出资应当认定为对自己子女个人的赠与，但父母明确表示赠与双方的除外。

当事人结婚后，父母为双方购置房屋出资的，依照约定处理；没有约定或者约定不明确的，按照民法典第一千零六十二条第一款第四项规定的原则处理。

4. 法典微讲堂

本案争议的焦点在于：陈某父母出资，以陈某之名从开发商处受让某县A地基，该土地的使用权归谁所有；陈某和伍某父母共同出资，在该地基上建造房屋，该房屋的所有权归谁所有。

第一，A地基是结婚前，陈某父母出资，以陈某名义受让，并登记在陈某名下。根据《最高人民法院关于适用〈中华人民共和国民法典〉婚姻家庭编的解释（一）》的规定，本案中陈某父母未明确表示赠与双方，且对该地基全额出资，登记在陈某名下，所以认定为陈某父母对陈某个人的赠与，该地基的土地使用权及价值归属于陈某，是陈某的婚前个人财产。

第二，A地基上建造的房屋，是陈某与伍某结婚后，双方父母共同出资。对于该房屋的归属，双方事先并未约定，陈某和伍某的父母均有出资，即使房屋登记在陈某名下，都优先推定为对夫妻双方的赠与。因此根据《民法典》第一千零六十二条第一款第（四）项的规定，该房屋为陈某与伍某在婚姻关系存续期间受赠的共同财产，因此房屋所有权归夫妻共同共有。

5.“典”亮美好生活

住房问题既是民生问题也是发展问题，关系千家万户切身利益，关系人民安居乐业，关系经济社会发展全局，关系社会和谐稳定。当前经济背景下，父母出资为子女购房成为社会常态，那么在子女离婚的时候，该出资是对子女的单方赠与还是夫妻共同财产？通过上述案例分析，我们知道首先看购房时间是在婚前，还是婚后。如果是婚前，一方父母出全资，又登记在自己子女名下，那么房屋自然就是父母对自己子女个人的赠与，是该子女的婚前个人财产。如果是婚后，父母是否与子女进行书面的约定，就显得尤为重要。因为《民法典》出台后，父母在子女婚后出资为子女购房，则是根据父母与子女内部是否有明确的赠与表示。如果没有明确的约定，该房屋就会被优先推定对夫妻双方的赠与。因此，我们建议如果是婚后父母出资买房，最好由父母、夫妻双方共同签订书面的协议。在协议中明确约定父母的出资是借款还是赠与：如果是借款的，约定清楚利息及偿还期限等等；如果是赠与，须进一步约定清楚是只赠与自己子女个人，还是赠与夫妻双方。

案例四十三　婚后共同还贷　离婚进行补偿

1. 基本案情[①]

刘某于2012年支付17万元首付款，通过银行按揭贷款购买了一套房屋，房屋所有权登记在自己名下。2013年11月12日刘某与陈某登记结婚。双方自结婚登记之日起至2020年8月27日，共同偿还房屋贷款约14万元。在此期间，刘某欠下赵某68万元债务，赵某向法院起诉后，法院判决刘某偿还赵某借款68万元及利息。判决生效后，刘某未履行偿还义务，赵某即向法院申请强制执行，要求拍卖刘某名下的该套房屋。2021年3月，陈某与刘某登记离婚，陈某向法院起诉，请求依法裁定中止执行房屋拍卖程序或中止分配房屋拍卖所得款项，确认自己对刘某名下的该套房屋的共同还贷部分享有财产权益。

① 案件来源：河南省新郑市人民法院（2021）豫0184民初3643号陈某、赵某一审民事判决书。

2. 判决结果

法院经审理认为，涉案房产虽系刘某婚前个人名义购买并办理银行贷款，但陈某与刘某婚后以共同财产偿还银行贷款，婚后共同还贷及相应的增值部分依法应认定为夫妻共同财产。双方婚后共同偿还的14万元贷款应为夫妻双方共同财产。该房产被拍卖成交后，陈某对婚后共同还贷部分的权益物化在执行拍卖款中，故陈某对涉案房产执行拍卖款中的7万元享有民事权益。依据《中华人民共和国民法典》第一千零六十二条，《最高人民法院关于适用〈中华人民共和国民法典〉婚姻家庭编的解释》第七十八条，《中华人民共和国民事诉讼法》第二百二十七条，《最高人民法院关于适用〈中华人民共和国民事诉讼法〉的解释》第三百一十一条、第三百一十二条第一款第（一）项规定，判决相关执行案件中不得执行该房屋拍卖款中的7万元。

3. 关联法条

《中华人民共和国民法典》

第一千零六十二条　夫妻在婚姻关系存续期间所得的下列财产，为夫妻的共同财产，归夫妻共同所有：

（一）工资、奖金、劳务报酬；

（二）生产、经营、投资的收益；

（三）知识产权的收益；

（四）继承或者受赠的财产，但是本法第一千零六十三条第三项规定的除外；

（五）其他应当归共同所有的财产。

夫妻对共同财产，有平等的处理权。

《最高人民法院关于适用〈中华人民共和国民法典〉婚姻家庭编的解释（一）》

第七十八条　夫妻一方婚前签订不动产买卖合同，以个人财产支付首付款并在银行贷款，婚后用夫妻共同财产还贷，不动产登记于首付款支付方名下的，离婚时该不动产由双方协议处理。

依前款规定不能达成协议的，人民法院可以判决该不动产归登记一方，尚未归还的贷款为不动产登记一方的个人债务。双方婚后共同还贷支付的款项及其相对应财产增值部分，离婚时应根据《民法典》第一千零八十七条第一款规定的原则，由不动产登记一方对另一方进行补偿。

4. 法典微讲堂

本案争议的焦点在于：陈某对于刘某婚前购买的这套房产是否享有财产权益。该套房屋是刘某在婚前自己出资购买，并登记在其个人名下的婚前财产。但因为刘某购买时仅支付首付款且在银行贷款，与陈某结婚后，双方共同偿还贷款，所以该房屋的价值实际就由两部分构成：一部分属于刘某的个人财产，即刘某婚前支付的首付部分以及尚未还清的贷款部分；另一部分则具有夫妻共同财产的性质，即刘某与陈某婚姻关系存续期间的共同还贷部分。根据最高人民法院《关于适用〈中华人民共和国民法典〉婚姻家庭编的解释（一）》第七十八条第一款的规定，夫妻一方婚前签订不动产买卖合同，以个人财产支付首付款并在银行贷款，婚后用夫妻共同财产还贷，不动产登记于首付款支付方名下的，离婚时该不动产由双方协议处理。这是民事法律规范对民事主体意义自治的尊重和保护，一方婚前首付，婚后双方共同还贷的房屋，在离婚时如何分割，首先由双方自行协商处理。

如果双方协商不成，则由人民法院来进行判决，那么根据《关于适用〈中华人民共和国民法典〉婚姻家庭编的解释（一）》第七十八条第二款："依前款规定不能达成协议的，人民法院可以判决该不动产归登记一方，尚未归还的贷款为不动产登记一方的个人债务。双方婚后共同还贷支付的款项及其相对应财产增值部分，离婚时应根据《民法典》第一千零八十七条第一款规定的原则，由不动产登记一方对另一方进行补偿。"本案中，房屋登记在刘某名下，因此与物权的登记公示原则相协调，该房屋产权归属于刘某，如果存在尚未偿还的贷款，也是刘某的个人债务。而对于婚姻关系存续期间，双方共同偿还银行贷款所形成的财产权益，刘某需要向陈某进行支付补偿。双方婚后共同偿还的 14 万元贷款，陈某对于其中的 7 万元享有财产权益，因此该房屋在被拍卖后所得的款项中有 7 万元不能用于偿还刘某的债务。

5.“典”亮美好生活

结婚前夫妻一方签订购房合同，通过以个人财产首付并在银行办理贷款的方式来购买房屋，登记在个人名下，而婚后又由夫妻双方共同还贷的情况，在现实中较为普遍。此类房产，既有夫妻一方个人首付款的支出、产权的登记，又有婚后另一方的价值投入，因此不能简单认定为婚前个人财产还是婚后共同财产。对于婚前的个人财产利益，法律自然要予以承认，但对于婚后夫妻双方共同的付出，也应当给予保护。所以，我们建议对于这类房产的归属，夫妻双方可以事先以书面合同进行约定；如果没有约定，在向人民法院提起离婚诉讼时，共同还贷的一方，有权请求人民法院在考虑子女、女方和无过错方利益的基础上，对婚后共同还贷部分的财产权益进行分割，由房产所有权人对自己婚后的财产支出进行补偿。当然，婚姻关系不同于合同关系，双方当事人也不是交易对手，因此夫妻之间关于财产的约定，实际上是为了婚姻家庭的维系，所以不应该过于强调自己的利益，一味忽视打压对方利益，那样反而不利于婚姻家庭的幸福。

案例四十四 遗嘱明确子女继承 个人财产不得分割

1. 基本案情[①]

王某与韩某系夫妻关系，婚后生育四个女儿。王某于 2018 年 2 月 4 日去世，其生前在公证处立下公证遗嘱，该遗嘱中载明：“等我去世后，坐落在北京市丰台区的房产中属于我的房产份额，20% 由我外孙个人继承、40% 由我二女儿个人继承、40% 由我小女儿王某玲个人继承。”小女儿王某玲与其丈夫余某 2019 年 3 月经法院调解离婚，余某向法院请求分割与王某玲的婚后共同财产，即位于北京市丰台区的该套房屋中王某玲享有的份额。王某玲认为该套房屋中自己所继承的份额是其个人财产，与余某无关。

2. 判决结果

法院经审理认为，本案中被继承

① 案件来源：北京市第二中级人民法院（2022）京 02 民终 4834 号余某与王某玲共有物分割纠纷二审民事判决书。

人王某所立遗嘱由公证机关进行公证，系其真实意思表示，王某对案涉房屋享有的一半份额应按遗嘱继承，并据此作出生效判决。根据王某所立遗嘱载明“在我去世后，上述房产中属于我的房产份额的 20% 由我外孙个人继承、40% 由我二女儿个人继承、40% 由我小女儿王某玲个人继承”的内容，可以看出王某已明确表示其去世后诉争房屋中属于王某的房产份额的 40% 由王某玲个人继承，遗嘱内容明确做出“由王某玲个人继承”的意思表示，排除了其他人共有的权利。根据《民法典》第一千零六十三条规定，王某玲继承的遗产份额应为其个人财产，与余某无关。

3. 关联法条

《中华人民共和国民法典》

第一千零六十三条　下列财产为夫妻一方的个人财产：

（一）一方的婚前财产；

（二）一方因受到人身损害获得的赔偿或者补偿；

（三）遗嘱或者赠与合同中确定只归一方的财产；

（四）一方专用的生活用品；

（五）其他应当归一方的财产。

4. 法典微讲堂

本案争议的焦点在于：王某玲继承的房屋遗产份额，是夫妻共同财产，还是其个人财产。夫妻共同财产，是指夫妻在婚姻关系存续期间所得的财产，包括工资、奖金、劳务报酬；生产、经营、投资的收益；知识产权的收益；继承或者受赠的财产等。一般而言，婚姻关系存续期间，夫妻一方继承或者受赠的财产，属于夫妻共同财产。但是，根据《民法典》第一千零六十三条的规定，遗嘱或者赠与合同中确定只归一方的财产为夫妻一方的个人财产。也就是说，如果遗嘱或者赠与合同中明确表示遗产或赠与物是归夫妻一方享有的财产，那么该遗产或受赠财产则属于一方的个人财产，而非共同财产。

本案中，王某玲继承其父亲王某的房屋遗产份额，虽然发生在其与丈夫余某婚姻关系存续期间，但是被继承人王某在公证遗嘱中明确表示："40%由我小女儿王某玲个人继承"，因此该遗产属于王某玲的个人财产，在离婚时余某无权要求分割。

5. "典"亮美好生活

《民法典》第一千零六十三条对于我国夫妻个人财产的范围，做了列举式的规定。（1）一方的婚前财产。即夫妻双方在结婚之前各自所拥有的财产，归一方个人所有。（2）一方因受到人身损害获得的赔偿或者补偿。这是与生命健康密切相关的个人财产，对于保障身体康复和生活需要有着重要意义，具有人身专属性。（3）遗嘱或者赠与合同中确定只归一方的财产。当被继承人或者赠与人在遗嘱或者赠与合同中明确指出，该财产只遗赠或者赠给夫妻中的一方，出于尊重被继承人或赠与人的个人意愿，那么该财产就归一方个人所有，另一方无权共有。（4）一方专用的生活用品。比如个人的衣物，它具有个人使用的专属特点，因此也应当属于个人财产。

现实生活中，老人去世，已婚子女继承其遗产，如果继承发生在子女婚姻登记之前，该遗产就属于子女个人财产，其配偶无权共同共有；如果继承发生时，子女已经结婚，那么老人是否在遗嘱中指明该遗产只归其子女一方个人所有，则是该遗产能否成为夫妻共同财产的关键。如果老人未立遗嘱，或者遗嘱中没有明确表示，那么该遗产就会成为夫妻双方的共同财产，今后夫妻一旦离婚，对于共同财产，可以平均分割；而如果被继承人在遗嘱中明确表示，法律则尊重被继承人的意愿，该遗产就不能作为夫妻双方的共同财产，而成为子女个人财产。

案例四十五　夫妻共同债务　遵循共债共签

1. 基本案情[①]

2015 年 3 月 5 日晚，崔某因急需资金周转向秦某借款 2300 万元，并承诺于 2015 年 3 月 6 日马上还清。秦某于 2015 年 3 月 6 日早上 9 点左右，按照崔某的指示，向其指定的公司账户汇款 2300 万元。但崔某收到上述款项后未按当初承诺履行还款义务。经秦某一再追讨借款，崔某前后共归还 1551 万元，尚欠 749 万元未还。于是，秦某向法院起诉崔某。案件审理过程中，崔某于 2019 年 1 月 15 日去世，秦某认为该借款是崔某与妻子王某的夫妻共同债务，因此崔某的妻子应该连带偿还借款。

2. 判决结果

法院审理认为，虽转款发生在崔

① 案件来源：北京市第一中级人民法院（2021）京 01 民终 5392 号崔某等与秦某民间借贷纠纷二审民事判决书。

某与王某夫妻关系存续期间，但王某未就款项出具借条或与秦某签订借款合同，秦某亦未举证证明其向崔某指定公司的转款用于夫妻共同生活或共同经营，故秦某主张王某对崔某的债务作为夫妻共同债务承担共同还款责任的诉讼请求，于法无据，法院不予支持。崔某仍应对秦某按其指示进行的转款承担还款责任，因崔某已死亡，崔某的继承人应在继承遗产范围内对其债务承担连带清偿责任。

3. 关联法条

《中华人民共和国民法典》

第一千零六十四条　夫妻双方共同签名或者夫妻一方事后追认等共同意思表示所负的债务，以及夫妻一方在婚姻关系存续期间以个人名义为家庭日常生活需要所负的债务，属于夫妻共同债务。

夫妻一方在婚姻关系存续期间以个人名义超出家庭日常生活需要所负的债务，不属于夫妻共同债务；但是，债权人能够证明该债务用于夫妻共同生活、共同生产经营或者基于夫妻双方共同意思表示的除外。

4. 法典微讲堂

本案争议的焦点在于：夫妻关系存续期间，崔某因向秦某借款到期未还的债务，能否构成崔某与其妻子王某的共同债务。

夫妻共同债务，是指在夫妻关系存续期间，基于双方共同生活或共同生产经营的需要，对外所欠下的债务。根据《民法典》第一千零六十四条的规定，要认定夫妻共同债务，必须首先满足时间条件，即债务必须发生在婚姻关系存续期间。其次，第一千零六十四条规定了可以认定为“共同债务”的三种情形：第一，共债共签。债务是基于夫妻双方共同的意思表示，即夫妻双方均在借款合同上签字，或者一方先签字，事后由另一方以补签字等方式进行追认；第二，夫妻一方个人欠债，但是为了家庭日常生活的需要；第三，夫妻一方个人欠款，债务虽超出家庭日常生活需要，但债权人有证据证明该债务用于共同生活或共同经营。由此可见，之所以能认定为夫妻共同债务的前提，就是夫妻双方都以自己的行为表示对债务的承担，而如果仅有一方的意愿，那就必须以家庭日常生活需要、共同生活或共同经营为举债的限制。

本案中崔某向秦某的借款，虽然发生崔某与王某的婚姻关系存续期间，但是属于崔某一方个人举债，其妻子对该债务既没有事先签字也没有事后追认。2300 万元的欠款，超出了家庭日常生活需要，债权人秦某也没有证据证明崔某的个人借款是用于夫妻的共同生活或共同经营。因此，这笔欠款不能认定为夫妻共同债务，而属于崔某的个人债务。

5. “典”亮美好生活

在现实生活中，夫妻一方，隐瞒配偶向他人借钱的行为时有发生，由此产生了不少的法律纠纷。一方面，民法典对于夫妻共同债务的认定规定了“共债共签”原则，充分地保障了双方对婚姻关系存续期间产生债务的知情权和同意权，从源头上极大地避免了夫妻一方“被负债”的现象发生。另一方面以“家庭日常生活所需”来界定是否属于夫妻共同债务，将合理的债务限定在满足夫妻双方及家庭成员在日常生活中的必要开支，比如正常的衣食住行、子女教育、老人赡养、医疗保健等，而如果一方是满足自己个人爱好、为了筹集赌资等原因而借债，则都不属于为夫妻共同债务。

这一规定对债权人而言，在借款时也需要提前进行风险防范。借款时，务必要先了解对方的婚姻状况，最保险的方法就是让夫妻共债共签。如果不能，债权人就要及时收集、保存相关证据，以此证明该借款是用于夫妻共同生活或共同经营，从而避免日后因无法举证而遭受不必要的损失。

案例四十六　合理约定夫妻财产　守护家庭和谐稳定

1. 基本案情[1]

郭某、许某在婚姻关系存续期间，购买了 903 号房屋，办理产权登记，登记权属人为郭某、许某共同共有。2018 年 4 月，两人签订《夫妻婚内协议书》，约定：“第一，903 号房产为夫妻共同财产。本协议签订后，若双方离婚，该房产归郭某所有，许某无权要求分割。第二，本协议签订之日前，许某用自己的账户向银行贷款共人民币 781800 元，该债务系许某的个人债务”。2019 年 6 月，郭某向法院起诉离婚。在离婚诉讼中，许某表示如法院判决离婚，请求平均分配 903 号的房产，确认银行贷款为夫妻共同债务，由双方共同承担。

---

① 案件来源：广东省广州市中级人民法院（2021）粤 01 民终 18440 号郭某、许某离婚后财产纠纷民事二审民事判决书。

2. 判决结果

法院经审理认为：郭某与许某对于该房产归属的约定并非纯粹的对双方婚内夫妻共同财产的约定，而是附离婚条件的财产分割协议。在离婚诉讼中，许某答辩称如果判决离婚双方名下房产应由双方平均分配。可见，许某在离婚诉讼中对《夫妻婚内协议书》关于房产的约定已经反悔，故确认郭某、许某双方在《夫妻婚内协议书》中关于房产归郭某所有的约定未生效，对郭某、许某双方没有法律约束力。《夫妻婚内协议书》中关于许某用自己的账户向银行贷款781800元是许某的个人债务还是夫妻双方的约定，并未以离婚为前提条件，没有违反法律禁止性规定，是双方在婚姻关系存续期内对相应债务的约定，在郭某、许某二人内部具有法律效力。依照《中华人民共和国民法典》第一千零六十五条、第一千零八十七条、一千零八十九条，《最高人民法院关于适用〈中华人民共和国民法典〉婚姻家庭编的解释（一）》第六十九条第一款之规定判决903号房产由郭某和许某各占50%的份额，剩余按揭贷款由郭某和许某共同偿还；781800元银行贷款由许某独自承担。

3. 关联法条

《中华人民共和国民法典》

第一千零六十五条　男女双方可以约定婚姻关系存续期间所得的财产以及婚前财产归各自所有、共同所有或者部分各自所有、部分共同所有。约定应当采用书面形式。没有约定或者约定不明确的，适用本法第一千零六十二条、第一千零六十三条的规定。

夫妻对婚姻关系存续期间所得的财产以及婚前财产的约定，对双方具有法律约束力。

夫妻对婚姻关系存续期间所得的财产约定归各自所有，夫或者妻一方对外所负的债务，相对人知道该约定的，以夫或者妻一方的个人财产清偿。

《最高人民法院关于适用〈中华人民共和国民法典〉婚姻家庭编的解释

（一）》

第六十九条第一款 当事人达成的以协议离婚或者到人民法院调解离婚为条件的财产以及债务处理协议，如果双方离婚未成，一方在离婚诉讼中反悔的，人民法院应当认定该财产以及债务处理协议没有生效，并根据实际情况依照民法典第一千零八十七条和第一千零八十九条的规定判决。

4. 法典微讲堂

本案争议的焦点在于：一份《夫妻婚内协议书》，对房产和债务的不同约定，却产生了不同的法律效果。这就要先从“约定财产制”谈起。所谓“约定财产制”，是法律允许男女双方于婚前或者婚姻关系存续期间，就财产所有权及债务的清偿责任等进行约定，从而确定夫妻婚前及婚后财产归属的制度。在我国《民法典》的规定中，约定财产制优于法定财产制，当夫妻以明确的约定来确认双方财产关系各自所有、共同所有或者部分各自所有、部分共同所有时，可以排除法定财产制的适用；只有双方无约定或约定不明的时候，才适用法定财产制。

本案中，郭某和许某在婚姻关系存续期间，以《夫妻婚内协议书》来约定许某用自己的账户向银行贷款 781800 元是许某的个人债务，双方在婚姻关系存续期内对相应债务的约定，对双方具有法律效力，即使离婚诉讼中，许某提出贷款应由夫妻共同偿还，法院也不会支持。

但同样约定在《夫妻婚内协议书》里关于 903 号房屋的归属问题，则有着完全不同的法律后果，原因就在于，双方对于房产所有权的约定，附加了“若双方离婚”的条件，使得这一约定成为“以协议离婚为条件的财产处理协议”。而许某在离婚诉讼中明确表示反悔，则该协议没有生效，对双方都没有约束力。903 号房屋是双方夫妻关系存续期间购买，且登记在双方名下，应当认定为夫妻共同财产。

5.“典”亮美好生活

经济和社会的发展，推动了个人财富的逐渐增多。夫妻之间当爱已成往事，不明确的财产关系，会让已经摇摇欲坠的夫妻关系雪上加霜，因此，在完全自由平等的基础上，对财产进行事先约定和妥当分配，不仅不会伤害感情，反而最大限度地避免日后可能产生的纠纷，为和谐稳定的婚姻关系保驾护航。

那么，如何进行夫妻财产约定呢？首先，约定的时间可以在婚前，也可以在婚姻关系存续期间；其次，在平等自愿的情况下，采用书面形式来对财产进行约定，约定后最好进行公证；最后，约定的内容不得违反法律的强制性规定和社会的公序良俗。夫妻双方可以约定婚姻关系存续期间所得的财产以及婚前财产归各自所有、共同所有或者部分各自所有、部分共同所有。特别要注意的是，双方对于财产约定协议不应以离婚为条件。生效后的夫妻财产约定，优于法律对夫妻财产关系的规定，对双方都具有约束力。如果和夫妻一方进行交易的第三人，是知晓该协议的，则该约定内容对第三人也有约束力。

案例四十七　抚养权归谁　未成年子女利益优先

1. 基本案情[①]

刘某与崔某于2012年5月25日结婚，2016年2月8日生育女儿刘某某。2021年2月两人经法院调解离婚，刘某某由母亲崔某自行抚养。从2021年下半年开始，崔某对女儿不管不问，将其送至父亲刘某处，就未接回，刘某某一直跟随父亲生活，而崔某再婚，且又生育子女。为此，刘某向法院请求变更女儿刘某某的抚养权，要求变更女儿为自己抚养，崔某自2022年1月份起每月支付抚养费1000元。

2. 判决结果

法院经审理认为，刘某与崔某虽曾达成由崔某自行抚养女儿刘某某的协议，但其后不久崔某将女儿交由刘某抚养，刘某同意直接抚养刘某某，应视

① 案件来源：山东省济南市历城区人民法院（2022）鲁0112民初917号刘某、崔某变更抚养关系纠纷民事一审民事判决书。

为双方对女儿抚养权的变更达成合意，且根据双方各自的生活现状，由刘某抚养女儿更有利于其成长。依照《中华人民共和国民法典》第一千零八十四条、第一千零八十五条，《最高人民法院关于适用〈中华人民共和国民法典〉婚姻家庭编的解释（一）》第五十三条、第五十六条，《中华人民共和国民事诉讼法》第六十七条、第一百四十七条规定，判决如下：一、自本判决生效之日起刘某某变更由刘某直接抚养；二、参照刘某某所处成长阶段的实际需要、山东省居民人均可支配收入标准、当地生活水平等，酌情确定崔某每月 20 日前支付刘某某抚养费 750 元至其十八周岁止。

3. 关联法条

《中华人民共和国民法典》

第一千零八十四条　父母与子女间的关系，不因父母离婚而消除。离婚后，子女无论由父或者母直接抚养，仍是父母双方的子女。

离婚后，父母对于子女仍有抚养、教育、保护的权利和义务。

离婚后，不满两周岁的子女，以由母亲直接抚养为原则。已满两周岁的子女，父母双方对抚养问题协议不成的，由人民法院根据双方的具体情况，按照最有利于未成年子女的原则判决。子女已满八周岁的，应当尊重其真实意愿。

4. 法典微讲堂

本案争议的焦点在于：女儿刘某某的抚养权究竟应当归谁所有？根据我国《民法典》第一千零八十四条的规定，离婚后，不满两周岁的子女，以由母亲直接抚养为原则。已满两周岁的子女，父母双方对抚养问题协议不成的，由人民法院根据双方的具体情况，按照最有利于未成年子女的原则判决。子女已满八周岁的，应当尊重其真实意愿。

由此可见，考量未成年子女的抚养权归属问题，根据子女处于不同的年龄阶段进行判断：不满两周岁，两周岁至八周岁，八周岁以上；在年龄要素的基础之上，结合抚养意愿、抚养能力、抚养环境等方面进行综合考虑。

第一，子女不满两周岁的，基于生理需求等，此时的孩子更加需要得到母亲的照料，因此法律规定以母亲直接抚养为原则，父亲直接抚养为例外。只有当母亲出现：患有久治不愈的传染性疾病等严重疾病；有能力却不尽扶养义务；子女确不宜随母亲生活的其他原因；或者父母双方协议由父亲直接抚养子女且无不利影响的，当父亲请求直接抚养的，法院可以确定直接抚养权归父亲。

第二，子女处于两周岁至八周岁之间，由父母自主协商，如果协商不成，按最有利于未成年子女原则来判决。如果父母中有以下五种情形之一，可予优先考虑：丧失生育能力；子女与一方共同生活时间较长且改变生活环境对子女健康成长明显不利；一方无其他子女而另一方有其他子女；随其生活对子女成长有利，而另一方患有严重疾病或者有不利于子女健康成长的情形；父母条件基本相同，子女随祖父母、外祖父母共同生活多年，且祖父母、外祖父母要求且有能力帮助照顾的。

第三，子女年龄在八周岁以上，应当尊重其真实意愿。根据《民法典》第十九条的规定，八周岁以上的未成年人为限制民事行为能力人，有一定的自主意识和认知能力。因此，在离婚时，无论是父母协议确定由谁直接抚养，还是法院判决，都要事先听取八周岁以上子女的意见，尊重其真实的意愿。在子女提出自己的意见后，再根据其年龄、社会经验、认知能力和判断能力等进行综合判断。

第四，如果父母双方在离婚时，先确定了抚养权归属，因为出现以下五种情形之一，一方提出变更的，人民法院应当予以支持：父母协议变更；共同生活一方因患严重疾病或者因伤残无力继续抚养子女；共同生活一方不尽抚养义务或有虐待子女行为，或者其与子女共同生活对子女身心健康确有不利影响；子女八周岁以上，愿随另一方生活，该方又有抚养能力；有其他正当理由。

本案中，刘某某 2016 年 2 月出生，当时还未满八周岁，其父母虽然本来就其抚养权归属达成协议，但后来因为具体情况发生变化，父亲请求法院进行变更。此时，刘某某已经长期和其父共同生活居住，且母亲崔某又另外组成家庭且刚生育子女，因此法官要综合考虑，确认变更刘某某由其父亲直接抚养，母亲支付一定的抚养费用。这是在“未成年人本位”的思想下，综合了抚养能力、抚养环境的考虑，为未成年人提供一个良好、稳定、适宜的成长环境，从而实现未成年子女利益最大化。

5.“典”亮美好生活

父母子女关系，作为家庭关系的重要组成部分，是一种血亲关系，无法断绝，也不能通过法律程序加以终止。父母与子女之间的关系不因父母离婚而消除。离婚后，子女无论由父方或母方抚养，仍是父母双方的子女。即使婚姻关系已经解除，但是每个父母对自己的孩子都有养育的责任。因此无论采用何种抚养方式，其根本都要有利于孩子的成长，尊重孩子的意愿，符合未成年人身心的健康发展。在有利于保护子女利益的前提下，夫妻双方的基本经济条件、思想品质、身体状况、生活环境以及长期照顾未成年子女的祖父母或外祖父母的意见及生活状况，都是综合考虑抚养权归属的重要因素。

现实生活里的部分离婚案件，父母为了争夺抚养权，往往会做出一些不理智不合法的过激行为，让原本就要承受父母婚姻关系破裂的未成年子女，感情和利益皆雪上加霜。夫妻之间的恩恩怨怨随着婚姻关系的解除不复存在，但父母对孩子的爱意，一定是真实、深厚而又持久的。因此，父母在主张抚养权归属时，一定要保持成年人基本的理智与体面，设身处地为孩子着想，基于孩子利益最大化原则考虑，后续的抚养也应该围绕孩子的身心健康而展开。保障离婚案件中未成年子女利益的最大化，还需全社会的共同努力。

案例四十八　探望权中止　保护未成年子女利益

1. 基本案情[①]

王某和赵某于 2019 年协议离婚，女儿王小某由母亲赵某抚养，但没有约定孩子的探视方式。离婚后两人为探视问题发生冲突，王某起诉到法院，法院审理后判决：父亲王某于每周六上午 8 时 30 分至赵某处接出女儿探望，同日下午 7 时 30 分再将女儿送回赵某处，赵某有协助的义务。上述判决生效后，2021 年 12 月 4 日王某将孩子接走后就再没有送回，赵某向法院申请执行，但王某始终拒接电话、拒不到庭。直至 2022 年 4 月 22 日，法院在王某家中发现孩子，并将其送交赵某继续抚养。鉴于王某故意将王小某长时间滞留、藏匿，拒不依约准时将孩子交还的行为，法院对其执行司法拘留，送至拘留所关押。赵某则向法院申请

① 案件来源：江苏省南京市玄武法院（2021）苏 0102 民初 7290 号民事判决判令关于申请执行人王某与被执行人赵某探望权纠纷一案。

中止王某探望女儿王小某。

2. 判决结果

法院认为，王某拒不依约将王小某送回抚养人处，使其长期脱离母亲的养育、照料，系拒不履行生效判决确定义务的行为，明显不利于其子女的身心健康。根据《中华人民共和国民法典》第一千零八十六条、《最高人民法院关于适用〈中华人民共和国民法典〉婚姻家庭编的解释（一）》第六十六条的规定，法院裁定自 2022 年 4 月 22 日起 60 日内中止申请执行人王某探望王小某。同时，法官根据《家庭教育促进法》的相关规定，通知王某前来参加家庭教育课程，引导其依法正确行使探望权。

3. 关联法条

《中华人民共和国民法典》

第一千零八十六条　离婚后，不直接抚养子女的父或者母，有探望子女的权利，另一方有协助的义务。

行使探望权利的方式、时间由当事人协议；协议不成的，由人民法院判决。

父或者母探望子女，不利于子女身心健康的，由人民法院依法中止探望；中止的事由消失后，应当恢复探望。

《最高人民法院关于适用〈中华人民共和国民法典〉婚姻家庭编的解释（一）》

第六十六条　当事人在履行生效判决、裁定或者调解书的过程中，一方请求中止探望的，人民法院在征询双方当事人意见后，认为需要中止探望的，依法作出裁定；中止探望的情形消失后，人民法院应当根据当事人的请求书面通知其恢复探望。

4. 法典微讲堂

探望权，又称见面交往权，是指夫妻离婚后，不直接抚养子女的父亲或母亲一方享有的探望子女的权利，包括与未成年子女探望、联系、会面、交往、短期共同生活的权利，直接抚养子女的一方有义务协助另一方行使该权利。

探望权是一种身份权，是父母基于对子女的亲权而享有的一项法定权利。离婚后，父母双方对未成年子女仍有抚养教育的法定义务，不与子女共同生活的父母一方的探望权，也是应有的法定权利。探望权是亲权的自然延伸，直接抚养权一旦确定，探望权即告生成，无须申请或确定，非直接抚养子女一方根据法律规定自动取得探望权。

《民法典》赋予离婚后父母一方以探望权，其根本目的在于实现未成年子女的最大利益。通过父母探望子女，能够增进其对孩子身体、精神状况的了解和理解，维系良好的亲情关系，获得精神上的慰藉，弥补家庭解体给父母与子女之间造成的感情伤害。因此，行使探望权应当以有利于子女身心健康为出发点，不得逾越权利边界，为了避免父母探望权的不当行使对未成年子女造成权益侵害，《民法典》第一千零八十六条第三款规定了探望权的中止。

探望权的中止，是指因发生一定的法定事由，致使探望权不宜继续行使，而由人民法院依法暂时停止探望权的行使。一般而言，探望权的中止主要包括以下几种情形：

（1）探望权人是无行为能力人或者限制行为能力人；

（2）探望权人患有严重传染性疾病或者其他严重疾病，可能危及子女健康的；

（3）探望权人在行使探望权时对子女有侵权行为或者犯罪行为，损害子女利益的；

（4）探望权人与子女感情严重恶化，子女坚决拒绝探望的；

（5）其他不利于子女身心健康的情形。

本案中的父亲王某在行使探望权时，故意将王小某长时间滞留、藏匿，拒不依约准时将孩子交还给母亲，使其长期脱离母亲赵某的养育、照料，属于拒不履行生效判决确定义务的行为，明显不利于其子女的身心健康。法院对其依法作出中止探望的裁定，规范探望行为，保护离异家庭中的未成年子女健康成长。

当然，中止探望权，并非终结性剥夺，而是暂时对权利的行使加以限制，中止探望的情形消失后，应当恢复当事人的探望权。本案中法院中止了王某60日的探望权，同时对其进行家庭教育课程的引导，用法律惩戒和教育感化相结合的办法，督促其改正自己错误的探视行为。最终，在法院的组织协调下，王某能够继续按照生效判决确定的时间和方式探望王小某，赵某也给予充分的配合，从而保护了婚姻解体家庭中的孩子免受二次伤害，能够健康成长。

5. “典”亮美好生活

《民法典》中关于探望权的规定，出发点是为了弥补离异家庭中的未成年子女在成长过程中的父爱或母爱缺失，因此探望权的行使应当以子女的身心健康为基本原则，充分尊重子女意愿，有利于子女成长。因此，夫妻双方在离婚时，需要通过协商约定或者法院判决，来明确探望的方式，包括地点、时间、次数等等，约定越详细，规划越具体，今后发生探望纠纷的可能性越小，做好探望方案的详细规划，可以有效避免矛盾的发生。

现实生活中，父亲或母亲可选择“上门探望式”“带走逗留式”等探望方式。一般而言，离婚时矛盾不大，抚养子女一方未重新组建家庭的，可以采用上门探望式，由不直接抚养子女的一方父母，在一定的时间到直接抚养子女的一方家中探望子女。如果子女已经上学，周末、放假期间，可以采用带走逗留式，由不直接抚养子女的一方父母，带走子女，与其共同生活一定时间，在约定的时间内将孩子送回。无论采用何种方式，或者两种方式相结合，都应当充分考虑到孩子生活的持续性和环境的稳定性。

如果探望一方，出现不利于孩子身心健康的不当行为，直接抚养子女的一方父母，有权向人民法院提出中止探望权的请求。探望权的中止须经人民法院裁定，其他任何机关、任何人包括父母双方都不能中止未直接抚养子女的一方探望子女的权利。在人民法院审理过程中，如果孩子明确表示拒绝探望，未成年人年满十周岁以上的，应充分尊重其意愿，从未成年人利益最大化原则出发，不宜强行探视；未成年人不满十周岁的，则要考虑是否存在直接抚养方的挑拨或教唆情形。

家庭是社会的基本细胞，是人生的第一所学校。夫妻双方感情破裂，劳燕分飞，但孩子是维系亲情的纽带，坚不可摧，完整的父爱和母爱是孩子成长道路上不可或缺的重要情感慰藉。《民法典》对于探望权的规定，既考虑了父母对子女精神上的关心与照顾，也纠正了拒绝探望和不当探望的违法行为，彰显对未成年人身心健康的人文关怀和温暖底色，弘扬了现代社会的优良家风，培育了健康和谐的家庭氛围。

案例四十九 离婚经济补偿 家务劳动价值受到保护

1. 基本案情[①]

1984年江某（男）与王某（女）双方相识并举办婚礼，但未进行结婚登记。婚后生育两个儿子，因双方感情不和分居长达26年之久，感情已彻底破裂。2021年，江某向法院起诉，请求判令解除其与王某之间的事实婚姻关系。王某提出，双方分居26年期间，生育的两个儿子均由自己抚养，自己对子女及江某的父母尽到了抚养和赡养的义务，原告应给予补偿。

2. 判决结果

法院经审理认为，被告对子女及原告的父母尽到了抚养和赡养的义务，原告应给予补偿。根据《民法典》第一千零八十八条规定，结合原被告双方结婚时间、子女大小、婚姻关系存

① 案件来源：安徽省涡阳县人民法院（2021）皖1621民初1895号江某与王某离婚纠纷一审民事判决书。

续期间在子女抚养教育方面、对老人的照料方面的投入情况、双方的经济收入等因素，酌定原告江某给予被告王某离婚经济补偿15000元。

3. 关联法条

《中华人民共和国民法典》

第一千零八十八条　夫妻一方因抚育子女、照料老年人、协助另一方工作等负担较多义务的，离婚时有权向另一方请求补偿，另一方应当给予补偿。具体办法由双方协议；协议不成的，由人民法院判决。

4. 法典微讲堂

本案争议的焦点在于江某是否应当给予王某离婚经济补偿。《民法典》第一千零八十八条规定了离婚经济补偿制度，夫妻一方因抚育子女、照料老年人、协助另一方工作等负担了较多家庭义务，在离婚时，该方有权向对方要求经济补偿；具体的补偿办法以双方协议优先，法院判决为辅。

第一，无论夫妻财产是否由双方书面约定，皆可主张离婚经济补偿。在《民法典》出台之前，《婚姻法》第四十条规定，夫妻书面约定婚姻关系存续期间所得的财产归各自所有，一方因抚育子女、照料老人、协助另一方工作等付出较多义务的，离婚时有权向另一方请求补偿，另一方应当予以补偿。此条将离婚经济补偿限定在约定财产制的范围内，很大程度上限制了该项制度的适用。而《民法典》第一千零八十八条则扩大了离婚经济补偿适用范围，无论夫妻双方是法定财产制，还是约定财产制度，都适用经济补偿制度。

第二，离婚经济补偿必须在离婚时由当事人提出且优先协议，法院不得主动干预或判决。

夫妻若是协议离婚，则在协议时一方就应向对方提出离婚经济补偿，并协商确定补偿办法和具体数额，在婚姻登记机构登记离婚后，不能就离婚经济补偿问题再向法院提起诉讼。

若是在法院诉讼离婚，离婚经济补偿的权利人，无论是原告或被告，都应当在诉讼离婚的程序中主动提出，双方协商不成的情况下，由法院进行判决。若该权利人在诉讼中并未提出经济补偿要求，法院不得主动适用。在审判实践中，法院往往会在举证通知书等文书中，将当事人有权提出离婚经济补偿的权利列明其中，一并告知。法院准予离婚的判决、调解生效后，当事人也不得就离婚经济补偿另行提起诉讼。

法院在判决补偿金额时，一般综合考虑权利人家务劳动时间、投入家务劳动的精力、家务劳动带来的效益以及负担较多义务一方自身发展的受限等等因素。离婚经济补偿具有救济的功能，因此经济补偿的支付，应先分割夫妻共同财产后，再从经济补偿义务人的个人财产或者所分得的共同财产中支付。

第三，离婚经济补偿适用条件：夫妻一方因抚育子女、照料老年人、协助另一方工作等负担了较多家庭义务。

抚育子女、照料老年人、协助另一方工作这三个方面是《民法典》第一千零八十八条列举了可作为一方请求经济补偿的情形，但一个“等”字说明，适用情形不局限于此，实质条件在于“负担了较多家庭义务”。审判实践中，对于全职家庭主妇（主夫），如无特殊证明，一般可推定为承担较多家庭义务；对于一方在婚姻期间进行学业、职业进修，而另一方负担了较多家庭义务的，也可以推定为承担较多家庭义务。

本案中的妻子王某，在双方分居 26 年期间，自己独自抚养两个儿子，且对江某的父母尽到了赡养的义务，符合“负担较多家庭义务”的情形，且王某在离婚诉讼中主动提出，因此江某依法应当给予王某离婚经济补偿。

5.“典”亮美好生活

离婚经济补偿制度是对负担较多家庭义务的夫妻一方给予的权利救济与平衡。《民法典》中对该制度的重新定义，一方面突破了原婚姻法关于离婚经济补偿仅适用于约定财产制的范围，弥补在家庭劳动中付出较多时间和精力的一方，肯定他（她）们牺牲自我发展的职业前景，抚养后代，照顾老人，为另一方的事业发展提供了坚实的后盾，对整个家庭生活乃至社会生产都有着重要的意义。这种贡献应当得到尊重，受到保护，因此夫妻离婚进行财产分割时，应当对其予以一定的货币化表现。另一方面，也从公平角度，树立起家庭共同体理念，体现夫妻双方的平等与公平。遵循权利义务一致的基本原则，对家庭付出较多的一方，在该种付出不能直接转化成夫妻共同财产时，应充分考虑到该种隐形付出给另一方或者整个家庭带来的隐形财富。正确认识和谨慎适用离婚经济补偿，有利于引导家庭之间的合理分工，倡导和支持男女共担家务，弘扬家庭美德，重视家庭文明建设，最终实现全家人的获得感、幸福感、安全感。

案例五十 传承善良风俗 侄甥也可代位继承

1. 基本案情[①]

初某与前妻郝某育有三个子女，分别为长子初一、次子初二、女儿初三。郝某去世后，初某与现任妻子梁某再婚，并购买17号房屋一套，婚后无子女。初某去世，该房屋应该由法定第一顺序继承人：妻子梁某、初一、初二、初三继承。但继承时，长子初一已于2004年去世，其与妻子赵某育有一女初小一，赵某表示初一所继承的遗产份额均由女儿初小一继承；次子初二于2011年去世，无配偶无子女；女儿初三仍健在。现因如何继承该17号房屋产生纠纷，继承人诉至法院。

2. 判决结果

法院经审理认为，夫妻在婚姻关系存续期间所得的共同所有的财产，

① 案件来源：山东省烟台市芝罘区人民法院（2021）鲁0602民初9983号初某法定继承纠纷民事一审民事判决书。

除有约定的以外，如果分割遗产，应当先将共同所有的财产的一半分出为配偶所有，其余的为被继承人的遗产。继承开始后，由第一顺序继承人即配偶、子女、父母继承。鉴于被继承人初某去世前未立有遗嘱、遗赠或遗赠抚养协议，故其遗产应按法定继承办理。

17 号房屋系被继承人初某与梁某夫妻关系存续期的夫妻共同财产，各占 1/2 的产权份额。初某所占的 1/2 产权份额作为遗产，由其第一顺序继承人继承，即配偶梁某、长子初一、次子初二、女儿初三，各继承 1/8 的产权份额。而在被继承人初某去世前，其长子初一、次子初二已经相继去世。

依据《中华人民共和国民法典》第一千一百二十八条第一款规定，被继承人的子女先于被继承人死亡的，由被继承人的子女的直系晚辈血亲代位继承。因此长子初一所继承的份额应由其女初小一继承，故初小一代位继承 1/8 的产权份额。

依据《中华人民共和国民法典》第一千一百二十八条第二款规定，被继承人的兄弟姐妹先于被继承人死亡的，由被继承人的兄弟姐妹的子女代位继承。代位继承人只能继承被代位继承人有权继承的遗产份额。次子初二无配偶无子女，无第一顺位继承人，其继承的 1/8 产权份额本应由第二顺位继承人即哥哥初一、妹妹初三继承。但哥哥初一（2004 去世）年先于弟弟初二（2011 去世）死亡，因此初二继承的 1/8 份额有其侄女初小一、妹妹初三各继承 1/16。故法院判决对于 17 号房产，梁某享有 5/8 的产权份额；被继承人女儿初三继承 3/16 的产权份额；被继承人孙女初小一继承 3/16 的产权份额。

3. 关联法条

《中华人民共和国民法典》

第一千一百二十八条　被继承人的子女先于被继承人死亡的，由被继承人的子女的直系晚辈血亲代位继承。

被继承人的兄弟姐妹先于被继承人死亡的，由被继承人的兄弟姐妹的子女代位继承。

代位继承人一般只能继承被代位继承人有权继承的遗产份额。

4. 法典微讲堂

本案争议的焦点在于：初某与现任妻子梁某再婚后购买的17号房屋，在初某去世后，作为遗产应当如何发生继承。

遗产是自然人死亡时遗留的个人合法财产。在夫妻关系存续期间，一方死亡的，并非所有的夫妻财产都是遗产，首先应当在家庭财产中对夫妻共同财产和死亡一方的个人财产进行划分。根据《民法典》第一千一百五十三条夫妻共同所有的财产，除有约定的外，遗产分割时，应当先将共同所有的财产的一半分出为配偶所有，其余的为被继承人的遗产。因此，属于夫妻共同财产的，如果没有约定，则应将共同财产的一半为其配偶所有，另一半与死亡一方的个人财产，作为遗产发生继承。继承开始后，按照法定继承办理；有遗嘱的，按照遗嘱继承或者遗赠办理；有遗赠扶养协议的，按照协议办理。法定继承的，遗产按照下列顺序继承：（一）第一顺序：配偶、子女、父母；（二）第二顺序：兄弟姐妹、祖父母、外祖父母。继承开始后，由第一顺序继承人继承，第二顺序继承人不继承；没有第一顺序继承人继承的，由第二顺序继承人继承。

法定继承中有一种特殊的继承制度，叫“代位继承”，当被继承人的子女或兄弟姐妹先于被继承人死亡时，其子女的直系晚辈血亲或其兄弟姐妹的子女有权继承相应的遗产份额。适用代位继承，必须符合以下条件：第一，享有继承权的继承人先于被继承人死亡，这是前提条件。如果被继承人死亡后，遗产还未分割前，继承人死亡，并不发生代位继承。第二，该死亡的继承人一定是被继承人的子女或兄弟姐妹。这里的“子女”不仅包括婚生子女，还包括非婚生子女，乃至养子女、形成扶养关系的继子女。这里的“兄弟姐妹”，包括同父母、同父异母、同母异父的兄弟姐妹，还包括养兄弟姐妹和有扶养关系的继兄弟姐妹。第三，代位继承人分别为：被继承人的子女的直系晚辈亲属；被继承人的兄弟姐妹的子女。第一种代位继承人，被继承人的子女的直系晚辈血亲，包括子女、（外）孙子女、（外）曾孙子女，不受辈数的限制。

简而言之，子女可以代父亲继承祖父母的遗产，孙子女也可以代祖父母继承曾祖父母的遗产。第二种代位继承人，被继承人的兄弟姐妹的子女，这种情况仅发生在被继承人无配偶、无子女、无父母继承其财产，其兄弟姐妹又先其死亡的情形，并且代位继承人也仅限于被继承人的侄甥，其兄弟姐妹的其他继承人不发生代位继承。

本案中的被继承人是初某。17号房屋是初某与梁某的夫妻共同财产，因此该房屋的1/2份额归梁某所有，剩余1/2作为遗产，四个第一顺位的法定继承人发生继承，各自继承该房屋份额的1/8。本案较为特殊的情况在于其中两位法定继承人即长子初一和次子初二，已经先于被继承人死亡，此时发生代位继承的情形。初一的继承份额，由其女儿初小一代位继承1/8；初二无配偶无儿女，父母也死亡，他的继承份额由其哥哥和妹妹各自法定继承1/16，但因其哥哥也先于他死亡，因此由其侄女初小一代位继承该1/16。因此本案中，初小一作为代位继承人，代其父亲初一既继承了祖父初某的1/8房屋份额，又继承了叔叔初二的1/16房屋份额。

5.“典”亮美好生活

随着过去三十多年计划生育政策的实施，“80后”的独生子女家庭较为普遍，再加上生活压力不断增大，结婚年龄的逐渐推后，中国社会进入老龄化和低生育的时代，中国家庭普遍出现了倒金字塔型结构。现实生活中有些遗产面临着遗产继承人少、无人继承最终收归国家的尴尬境地。

《民法典》代位继承权条款扩大了代位继承的范围，在原先被继承人的子女的直系晚辈血亲的代位继承的基础上，新增侄甥代位继承条款。在特定条件下，被继承人的兄弟姐妹的子女可代位继承，为侄子、侄女、外甥、外甥女有条件地继承伯父、叔父、姑母、姨母、舅舅的遗产提供了明确法律依据。

侄甥代位继承制度的设立，符合我国民间传统家族理念和善良风俗，最大限度地保护公民的私有财产的存续。当老人无儿无女或子女先于自己死亡，大多数人一般首先想到与自己有血缘关系的侄子女、外甥子女来为自己养老送终，也倾向于将自己的遗产留给他们。因此《民法典》规定由侄甥来代位继承，解决了遗产无人继承的困境，确保公民私有财产能够继续在家族中延续与传承，更鼓励亲属之间加强交流、养老育幼、守望相助，促进亲缘关系的发展，有利于在全社会彰显中华民族尊老爱幼、重视亲情的良好风尚，促进社会和谐稳定发展。